U0587312

英诗经典名家名译

彭斯诗选

英汉对照

SELECTED POEMS OF ROBERT BURNS

（英）彭 斯 著　王佐良 译

外语教学与研究出版社
FOREIGN LANGUAGE TEACHING AND RESEARCH PRESS
北京　BEIJING

图书在版编目（CIP）数据

彭斯诗选 ：英汉对照 /（英）彭斯（Burns, R.）著 ；王佐良译. — 北京 ：外语教学与研究出版社，2012.3（2020.1 重印）
（英诗经典名家名译）
书名原文：Selected Poems of Robert Burns
ISBN 978-7-5135-1733-1

Ⅰ. ①彭… Ⅱ. ①彭… ②王… Ⅲ. ①英语－汉语－对照读物 ②诗集－英国－近代 Ⅳ. ①H319.4：I

中国版本图书馆 CIP 数据核字（2012）第 041437 号

出 版 人 徐建忠
项目策划 吴 浩
责任编辑 段会香
责任校对 易 璐
装帧设计 赵 欣
出版发行 外语教学与研究出版社
社 址 北京市西三环北路 19 号（100089）
网 址 http://www.fltrp.com
印 刷 三河市北燕印装有限公司
开 本 880×1230 1/32
印 张 9
版 次 2012 年 3 月第 1 版 2020 年 1 月第 4 次印刷
书 号 ISBN 978-7-5135-1733-1
定 价 25.00 元

购书咨询：（010）88819926 电子邮箱：club@fltrp.com
外研书店：https://waiyants.tmall.com
凡印刷、装订质量问题，请联系我社印制部
联系电话：（010）61207896 电子邮箱：zhijian@fltrp.com
凡侵权、盗版书籍线索，请联系我社法律事务部
举报电话：（010）88817519 电子邮箱：banquan@fltrp.com
物料号：217330101

意切情深信达雅
——序《英诗经典名家名译》

上小学前，爷爷就教导我要爱劳动，爱念诗。“劳动”是让我拾粪、浇菜、割驴草……“诗”是学念他一生中读过的唯一“诗集”《三字经》中的“人之初，性本善”等。我还算听话，常下地帮着干零活，偶尔也念诗。上中学后喜出望外地得知，最早的诗歌便是俺乡下人干重活时有意无意发出的“哎哟、哎哟”之类的号子声。老师说，这是鲁迅先生发现的。后来糊里糊涂考进北大，便懵懵懂懂向冯至、李赋宁、闻家驷等老师学习一些欧洲国家的诗歌。

大约十二天前，我正准备出访东欧和中亚时，北大、北外、党校三重校友兼教育部副部长郝平指示我为外语教学与研究出版社即将付印的《英诗经典名家名译》写篇序言。基于上述背景，我竟不自量力，欣欣然应允，飞机起飞不久就边拜读边写体会了。

一看目录，我在万米高空立即激动不已。译者全是令我肃然起敬又感到亲切的名字。

冰心是我初中时代的“作家奶奶”，我工作后曾专门找借口去拜访她在福建的故居。袁可嘉半个世纪前应邀从南大到北大讲英国文学史，我是自己搬着凳子硬挤进去旁听的幸运学生之一。王佐良先生是我读研究生时教授英国诗歌的。同学们爱听他的课，他大段引用原文从不看讲稿，我们常觉得他的汉语译文会比原文更精彩……穆旦、屠岸、江枫、杨德豫等我未曾有幸当面请教，从他们的作品中却受益良多，感激恨晚。

前辈翻译家们追求“信、达、雅”。落实这“三字经”却并非易事。

第一，在丰富多彩、良莠不齐的英文诗林中，译者要有足够高的先进理念和真知灼见去发现和选择思想水平高的作品。国产千里马尚需伯乐去认同，意识形态领域里的诗就更需要了。看诗的高下、文野，境界和情感永远是最重要的因素。我国《诗经》历久不衰，首先因为里面有“硕鼠，硕鼠，无食我黍!”这样政治上合民心的诗句，有“关关雎鸠，在河之洲……”这样传递真情的佳句。这套诗集选了许多跨世纪思想性极强的好诗。如雪莱《普罗米修斯的解放》中的警句:“国王、教士与政客们摧毁了人类之花，当它还只是柔嫩的蓓蕾……”今天读起来仍发人深省。如莎士比亚在其第107号十四行诗中将和平与橄榄树的葱郁有机相连，上承两千多年前中国先哲“和为贵”的真谛，下接联合国大会此时此刻的紧急议题。这样的诗自然有人爱，有人信。

第二，诗源于生活。诗作者和译者都最好与百姓血肉相连。马克思曾与诗友调侃:诗人也得吃饭，别奢望写诗写饿了上帝会把盛着面包的篮子从天堂递下来。这套诗选中有许多生活气息浓醇、情意真切的诗。如出身佃农的彭斯在18世纪法国大革命后写的政治讽刺诗:“我赞美主的威力无边！主将千万人丢在黑暗的深渊……”，“……阔人们日子过得真舒泰，穷人们活得比鬼还要坏!”，“……有的书从头到尾都是谎言，有的大谎还没有见于笔端。”写实和预言都相当准确。

第三，译文要忠实于原作，自身又要通畅、简洁、优美。这套诗集中，英文原作都是名符其实的经典。读诗最好读原文，但世界上大约有三千种语言，一个人会用来读诗的语言肯定少得可怜。为开阔视野、加强交流、增进友谊，读外国诗大多还得靠翻译。这套诗选中的译者都治学严谨，都酷爱祖国和外国优秀文化，译文是他们辛勤劳动的杰出成果。他们把拜伦的奔放、纪伯伦的靓丽、济慈的端庄、布莱克的纯真、华兹华斯的素净、叶芝的淡定、狄金森和弗罗斯特的质朴译得惟妙惟肖。读这样的译作，哲学上可受启迪，美学上可得滋润。这有益于读者的身心健康，能满足青年学生的好奇心和求知欲，也能为有关专家的进一步研讨提供方便。

不妨说，这套诗集中外皆宜，老少咸宜，会书中两种语文或其中一种的人皆宜。

李肇星

2011年9月14日至25日自乌兰巴托（意为“红色勇士”）上空经莫斯科、明斯克（“交易地”）、塔什干（“石头城”）飞阿拉木图（“苹果城”）途中。

Table of Contents

Epigrams 讽刺诗 *123*

Poems of Chanting Animals 吟动物诗 *147*

Epics 叙事诗 *167*

Epistle 诗札 *227*

前　言

一

彭斯的一生是短促的：生在 1759 年 1 月 25 日的“一阵大风”里，死在 1796 年 7 月 21 日的病床上，活了不过 37 岁。他的父亲先是园丁，后为佃农，始终经济困难，彭斯弟兄从小就在田里劳动，经常都如他弟弟吉尔勃特所说那样，干“超过体力所允许的”苦活，而仍然入不敷出，“好几年都吃不上肉”[①]，最后几年他虽当了税局职员，却要骑马在雨中巡行，每周达 200 英里，因此得了风湿性心脏病。他是由于劳累过度而早死的，而且死时还欠着债。

他在世之年，正是苏格兰、英国、欧洲以至整个西方世界的多事之秋。18 世纪下半叶的产业革命正在深刻地改变西欧社会的经济结构，从而又引起一系列其它变动，例如农业的耕作方法由于实行大面积灌溉而在革新，而彭斯父子屡次务农失败，其原因之一就是没有财力适应这个新的形势。1775 年，彭斯 16 岁，大西洋彼岸爆发了美国革命。后来彭斯写过一首诗，除了赞扬华盛顿领导下的美国人民敢于同英国暴君斗争之外，还慨叹苏格兰人安于受人奴役的可耻：

> 你那自由的灵魂逃到了何处？
> 同你伟大的先烈进了坟墓！
>
> ——《颂歌〔庆祝华盛顿将军诞辰〕》

① 吉尔勃特·彭斯的回忆，见詹姆士·寇里编：《彭斯作品集》，4 卷，伦敦，1800，第 1 卷，69—70 页。

1789 年，彭斯 30 岁，巴黎群众攻下了巴士底大狱，开始了法国革命。英国受到极大震动，苏格兰也动荡不已。彭斯早就相信人是生来平等的，现在更是言行激烈，1792 年还买了从一条走私船上没收的四门小炮托人送往法国，仅因中途为英国政府截获而未达目的地。[①] 这年年底他终于受到税局上级的传讯，几乎丢掉了饭碗。等到法王路易十六夫妇被人民处决，全欧的君主都着慌了，英国政府加紧扑灭民主运动，苏格兰志士缪亚等在爱丁堡被控叛国大罪，后来流放海外。彭斯在这段时期里却写下了这样的诗：

国王可以封官：
公侯伯子男一大套。
光明正大的人不受他管——
他也别梦想弄圈套！
管他们这一套那一套，
什么贵人的威仪那一套，
实实在在的真理，顶天立地的品格，
才比什么爵位都高！

好吧，让我们来为明天祈祷，
不管怎么变化，明天一定会来到，
那时候真理和品格
将成为整个地球的荣耀！
管他们这一套那一套，
总有一天会来到：
那时候全世界所有的人
都成了兄弟，不管他们那一套！

——《不管那一套》

① 关于送炮一事，J. G. 洛克哈特的《彭斯传》（1828，万人丛书 1925 重印本，163—164 页）有详细记载，时间写成 1792 年 2 月。近人莫里斯·林赛也提到此事，但时间推后二月，见其所著《罗伯特·彭斯》，伦敦，1954，229 页起。

针对路易十六被处死一事，他不顾风声鹤唳，写信给一位平素相知的夫人，坦白说出自己的看法：

> 说一句体己话，你是知道我对政治的看法的。对于那位诚实的医生哭哭啼啼地悲悼某对伟人夫妇应得的命运，我是不以为然的。试问把一个欺诈成性的木头人和一个无耻的婊子交到绞刑吏手上有什么了不得，值得我们在这紧要关头去分神注意呢？现在的情况，正如我的朋友洛斯科在利物浦用卓越的诗行所写那样：
>
> 几百万人民的命运悬而未决，
> 命运的天秤正在颤抖！
>
> 不过我们的医生朋友曾经受惠于当权大人物，而且要为自己妻儿着想，所以我也不怪他，因为我想他本质上还是自由的忠实朋友。——谢谢上帝，伦敦的几桩审判案件总算让我们可以吐口气了，并且我想时间不会太久了，总有一天一个人可以自由地骂几句比利·庇特而不至被称为国家的敌人了。
>
> ——1795年1月12日致邓禄普夫人函

比利·庇特即当时英国首相威廉·庇特，彭斯轻蔑地用小名比利(Billy)叫他，发泄了他对这个组织了全欧反动势力去攻打革命的法国的刽子手政权的憎恨。

他对于海外大事这样关心，而本人却始终没有能够离开苏格兰一步。1786年，由于务农失败，同琴·阿摩的婚事也遭遇挫折，他曾想移居西印度群岛去另谋生计。为了筹划旅费，他设法出版了诗集，不料这本名叫《主要用苏格兰方言写的诗集》的小书取得了很大的成功，于是他改而去了爱丁堡，接着有南部边境和西北部高原之游，此后一直守在家乡，连伦敦也从未去过。这样一个土生子，一个长期在地里干活的佃农，为什么竟对海外风云这样敏感？当然，他生活在一个斗争剧烈的时代，许多正在进行的巨变使他不能不加以注意，但这也说明他的民主主义思想是如何强烈。

因此，等他回头来看苏格兰农村的生活，他也就既充满了热爱，又感到气闷。他爱好苏格兰的山水、人物、习俗、传说、民歌；没有谁曾像他那样热烈地歌颂苏格兰的美丽，甚至在他吟咏苏格兰美女的时候，他也是带着民族的自豪感的：

回来吧，美丽的莱丝莉，
　回到凯利堂尼，
让我们夸口有一位姑娘，
　谁也比不上她美丽。

——《美丽的莱丝莉》

伴随着这自豪感而来的，是对凌驾于苏格兰之上的伦敦政府的仇恨，并以对英国当权者的态度来区别两种苏格兰人。虽然苏格兰早在1707年就同英格兰合并了，但是80年后，彭斯还在咒骂"民族败类"：

武力和欺诈不曾把我们征服，
　历尽多少世代的战争，
如今几个胆小鬼把大事全误，
　为一点赏钱干了卖国的营生。
英国的刀枪我们鄙视，
　自有勇士们守住堡垒，
英国的银子却把我们克制，
　民族中竟有这一撮败类！

——《这一撮民族败类》

而他所不忘的，则是历史上的抗英英雄：

跟华莱士流过血的苏格兰人，
随布鲁斯作过战的苏格兰人，
起来！倒在血泊里也成——
要不就夺取胜利！

不止是缅怀昔日的英烈，而且号召后来的志士：

打倒骄横的篡位者！
死一个敌人，少一个暴君！
多一次攻击，添一分自由！
动手——要不就断头！

——《苏格兰人》

当然，这是借了一位 14 世纪苏格兰国王的口来说的，但是诗中炽热的情感却不仅是历史的感兴，而是同他对华盛顿的歌颂和对庇特的鄙视一样，着眼于苏格兰当时的民族地位。在彭斯身上，民族主义是同民主主义结合在一起的。

但是苏格兰社会的现状却又令他不满。从他自己切身体验里，他就深知苏格兰教会和地主豪绅是专门同穷人家的孩子作对的。主宰苏格兰基督教会的是长老派，他们奉行加尔文主义，在道德问题上十分严厉，特别喜欢干涉青年男女之间的交往，彭斯本人就因同琴・阿摩的结合而被罚站在教堂门前的“忏悔凳”上示众。另一方面，他们却宽容、保护胡作非为、玩弄女性的长老们，例如“威利长老”。《威利长老的祷词》一诗被公认为西欧讽刺诗的顶峰之作。它写的是“诗神偶过正统卫道之士威利之家，听他正在祈祷”，于是把祷词录了下来。一开始，威利感到很得意：

我赞美主的威力无边！
主将千万人丢在黑暗的深渊，

唯独我在主的面前，
　　　　受主的恩典。
论才干和品德，谁都承认
　　　　我是此地的明灯！

然而这位“教堂的支柱”所干的，却是：

可是主呵，我又必须承认——
好些时，春意浓，心痒难受，
也曾经，见钱眼开，孽根不净，
　　　　恶性又冒头！
不过主呵，您记得我们本是尘世身，
　　　　从头起便是罪恶人。

这后两行已经包含了自我辩护，而且是以长老会的教义为根据的。其实他毫无悔意，反而祈求上帝继续让他放纵：

也许主故意叫淫欲生刺，
刺得您奴仆日夜烦恼，
免得他趾高气扬太骄傲，
　　　　自以为天生才高？
如果这样，多少刺我也将忍受，
　　　　直到您高抬贵手。

多么奇怪的道理，却又是从长老会的教义引申而得。这样，诗人不只是将摩希林地方一个长老写成了伪善的不朽典型，还揭出了教会本身的教义是如何荒谬。

地主豪绅的罪恶首先是剥削。彭斯对此也有写实：

每逢我们老爷坐堂收租，
我把可怜的佃户们看个清楚
（但每次看了都叫我悲伤）。
他们身无分文，却逃不过我们的账房，
他顿脚，他威胁，他臭骂，
抓了人，还要将他们的衣服剥下。
佃户们低头站着，恭恭敬敬，
还得忍耐听完，胆战心惊！

阔人们日子过得真舒泰，
穷人们活得比鬼还要坏！

——《两只狗》

这一节诗，今天读起来，仍是如闻其声，如见其人，真是诗歌中现实主义的珍贵一笔。其原因，则是它来自生活本身。彭斯曾对此作过说明：

我父亲的慷慨的主人死了，所租的地只叫我们赔累不堪，而更可诅咒的是，我们落到一个经租账房的手里。我在《两只狗》的故事里写的一个账房就是他。……

我父亲租的地还有两年租期，为了度过这两年，我们竭力省吃俭用，生活苦极了。我不过是一个孩子，但已成了耕田能手，我最大的弟弟也会驾犁，并能帮我打谷。这种劳动场面可能会有小说家见了喜欢，我可一点也不。那个凶恶的坏蛋账房经常写信骂我们，恐吓我们，每次他的信到，我们全家都哭。一想起这些，我至今怒火奔腾。

——1787 年 8 月 2 日致约翰·摩亚医生书

在农家孩子敏感的心灵上，这全家都哭的记忆太深刻了，所以才写出那样“怒火奔腾”的诗。

但是，又正如彭斯自己说的：

虽然人生的忧患他尝遍，
他的心可从未在命运手里受过伤。

——《爱情与自由：大合唱》

我们从他的作品所看出的，是他对于生命的热爱。这首先见于他的大量爱情诗。爱情的各个方面他都写到了，从精神到肉体，从姑娘们初恋的娇羞到少妇育儿的骄傲，从相见欢到离别恨，从生离到死别，从自信到忏悔，各种情景，各种心绪，而其总的感情则是青年有权利相爱，不容外界干涉：

如果一个他碰见一个她，
　　走过山间小道，
如果一个他吻了一个她，
　　别人哪用知道！

——《走过麦田来》

谁会想到，在这美丽的民歌里，竟有这样的抗议声音！

因为有这种无所顾忌的气概，他的笔也就放得开。他能写得艳而不俗：

呵，我的爱人像朵红红的玫瑰，
　　六月里迎风初开；
呵，我的爱人像支甜甜的曲子，
　　奏得合拍又和谐。

——《一朵红红的玫瑰》

他也能写得意境高远：

天风来自四面八方，
　　其中我最爱西方。
西方有个好姑娘，
　　她是我心所向往！
那儿树林深，水流长，
　　还有不断的山岗，
但是我日夜地狂想，
　　只想我的琴姑娘。

——《天风来自四面八方》

他善于写一个汉子对一个小女子的温柔体贴：

呵，如果你站在冷风里，
　一人在草地，在草地，
我的斗篷会挡住凶恶的风，
　保护你，保护你。
如果灾难像风暴袭来，
　落在你头上，你头上，
我将用胸脯温暖你，
　一切同享，一切同当。

——《如果你站在冷风里》

而等他遭遇爱人的死亡，他的痛苦的诗句也出自灵魂的最深处：

多少遍誓言，多少次拥抱，
　　我俩难舍难分！
千百度相约重见，
　　两人才生生劈分！

谁知，呵，死神忽然降霜，
　　把我的花朵摧残成泥，
只剩下地黑、土凉，
　　盖住了我的高原玛丽！
我曾热吻过的红唇，
　　已经变得冰凉，
那双温情地看我的亮眼，
　　也已永远闭上，
一颗爱过我的心，
　　如今无声地烂在地里！
但在我心的深处，
　　永生着我的高原玛丽。

——《高原的玛丽》

爱情之外，彭斯又是一个能把朋友情谊写得格外动人的诗人。这一点，他的诗札里就常有表露：

四旬斋的前夜此地曾有盛会，
　织袜子、谈闲天，津津有味，
　人人都笑逐颜开，
　　　　这些事不待细表，
　最后我们敞开了胸怀，
　　　　引吭高歌真逍遥！

——《致拉布雷克书》

这一种青年聚会的描绘，使人想到了他在 21 岁时在塔勃尔顿镇上所组织的“单身汉俱乐部”里的欢乐情况。

而《往昔的时光》这首歌至今都在世界各地吟唱不绝，又是由于他借用了一个异常动听的老曲调写出了友谊是怎样抵得住时光的侵蚀：

我们曾赤脚蹚过河流，
　　水声笑语里将时间忘。
如今大海的怒涛把我们隔开，
　　逝去了往昔的时光！

忠实的老友，伸出你的手，
　　让我们握手聚一堂。
再来痛饮一杯欢乐酒，
　　为了往昔的时光！

对于动物，特别是伴他一起劳动的牲口，他还有一种伙伴间才有的亲密感情：

当年你我一起年轻爱闹，
碰到集市的马食粗糙，
你就要又蹦又叫，
　　撇头向大路猛冲，
镇上人赶紧四散奔逃，
　　骂你发了马疯。

等你吃饱麦粒，我也喝足烧酒，
我们就飞驰大路，跑个顺溜！
婚礼后赛马你没有对手，
　　不论比气力或速度。
别的马都抛在后头，
　　只要你肯起步。

——《老农向母马麦琪贺年》

他在动物身上看到了某些人所没有的高贵品质：勤劳、可靠、好心眼儿，他甚至发出这样的感慨：

我真抱憾人这个霸道的东西，
破坏了自然界彼此的友谊，
于是得了一个恶名，
连我也叫你吃惊。
可是我呵，你可怜的友伴，土生土长，
同是生物本一样！

——《写给小鼠》

二

以上各方面的例子说明一点：彭斯的诗来自生活经验，而诗又反过来成为他的生活最好的记录。

但又不止是记录，因为一般的记录没有这样的真实、生动，没有这样的感染力、这样的丰富与深刻。这一切之所以存在于彭斯的诗里，是因为他除了思想、感情、世界观种种，还有诗才。

当彭斯一卷问世，名扬全苏格兰的时候，有人称他为“天授的耕田汉”。其实他既是“天授”又是人教的。他父亲虽然自己务农一再失败，却十分关心儿子的教育，曾同当地的其他家长合资请了一位博学多才的约翰·茂道克先生来教他们的子弟。彭斯自己，也是从小爱读书，举凡17、18世纪的英文诗（从莎士比亚、弥尔顿直到蒲伯、格雷），18世纪的英文小说（理查逊、菲尔丁、斯摩莱特）、历史著作和大量的书信集，无不见了就读。他所受学校教育时间虽不长，却是正规的，而且是以英语及英语文化为中心的，所以他能仿18世纪末叶流行于伦敦与爱丁堡的文风写英文诗，也能写颇为典雅的英文信。

然而他却选择了用苏格兰方言来写他的主要作品，而这一选择就造成了他与当时许多诗人的根本不同，从而引起了苏格兰以至整个英国文学上的一个大变化。苏格兰方言文学有两大传统：一个是源流悠长的民间口语传统，存在于传说、故事、民歌之中；另一个是书本传统，至少可从15世纪亨利生和邓巴两人算起，直到18世纪的费格生，有过几百年的灿烂历史。但是等到苏格兰同英格兰在1707年合并之后，英语在苏格兰逐渐占了上风，苏格兰语文学衰落了。彭斯所做的，一方面是拾起了费格生未竟之业，另一方面又把民间口头上流传的苏格兰方言诗歌大量吸收（他自己一个人就收集、整理、写定了三百多首民歌），集两大苏格兰语诗歌传统于一身，于是才取得了一次大突破。

彭斯的诗并不是都用方言写成，也有全用英文写的，即使所谓方言诗也掺杂有大量的英语词，仅有个别的词才是道地的方言。尽管如此，他的绝大多数的诗篇仍然是苏格兰语的作品。这是因为一来苏格兰毕竟同英格兰是紧邻，关系密切，几百年来许多英语词已被吸收进了苏格兰语；二来——而这是更重要的——彭斯的作品在韵律、形象、说法、看事看人的角度及至根本的思想感情上都是苏格兰本色的。一直到今天，在苏格兰作家之间还有争辩，究竟该用什么语言创作——英语还是苏格兰语？有的当代作家，如伊恩·克赖顿·司密斯，认为：要写最好的诗，还得用随母乳以俱来的苏格兰方言。彭斯的情况是常被引作例子来证明这一点的。当他全用英语写时，他的诗显得一般，有18世纪末叶英语诗的套语，却无多少个人特色；而当他用苏格兰语的时候，他就生动、活泼，能利用方言的音韵特点来造成奇妙效果，也能用这种喷发着土地芬芳的诗歌语言写出他最细微、最隐秘的思想感情。

然而同别的苏格兰语诗人相比，彭斯又有一些什么特点呢？

首先一点，是他的诗路广。他的一生不长，留下的诗却不少，当代标准版彭斯全集[①]共收632首（其中有少量尚未完全确立作者

① 詹姆士·金斯莱编：《彭斯诗歌全集》，3卷，牛津，1968；又单卷平装本，牛津，1969。

是谁的存疑之作)。由于这数目中至少一半是短歌，人们一般的印象是：彭斯主要是一个抒情诗人。抒情固其所长，但他也写了大量其它作品。至少有四类作品特别值得一提：

一、讽刺诗，数量不少。除上面提到了的《威利长老的祷词》一类外，还有许多即兴小诗，题在墙上、窗上、书页上、假想的墓碑上，往往短短四行即成一首：

致马希尔诗译注者E先生

呵，你是诗神惧怕的人，
散文也将你扫地出门。
听见了呻吟声吗？请停笔吧，
戴桂冠的马希尔在叫“救命!”

这类诗不仅词锋锐利，而且形式完整如格言。缺点是有时太露，迹近咒骂。

二、咏动物诗，如《挽梅莉》、《老农向母马麦琪贺年》、《写给小鼠》等等。苏格兰语古文学中就有咏动物诗，彭斯发扬了这个传统，写出了一个农民对牲口既要求认真劳动又体贴爱护的心情。也有借题发挥的，如《致虱子》实是嘲笑姑娘们的虚荣，而《写给小鼠》里则包含了名言：

人也罢，鼠也罢，最如意的安排
　　也不免常出意外！

三、诗札。这是彭斯写得最放松的作品，除了写友情，也宣告自己的艺术主张：

我只求大自然给我一星火种，
　我所求的学问便全在此中！

纵使我驾着大车和木犁，

浑身是汗水和泥土，

纵使我的诗神穿得朴素，

她可打进了心灵深处！

——《致拉布雷克书》

也感慨前辈诗人的命运：

呵，费格生！你灿烂的不世之才，

用在枯燥的法典上岂不浪费！

诅咒爱丁堡的绅士之辈，

你们真是铁石心肠！

分半点你们赌输的钱财，

他就不会断粮！

——《寄奥吉尔屈利地方的威廉·辛卜逊》

这些诗札像散文书信一样亲切、随便、跌宕生动、无所不谈，把苏格兰的六行诗段（四行八音节，间以两行四音节）运用得自然巧妙，在一个应是文人拿手的地方超越了又嘲弄了文人。

四、叙事诗，最著名的如《汤姆·奥桑特》。由于方言的运用和音韵的机变达到了化境，这民间传说传诵了200年，至今都是苏格兰优秀演员们展示自己朗诵功力的保留节目。作者写气氛、写动作、写心理反应，无不得心应手；似乎在渲染恐怖，实则用幽默点破迷信；在文体上也是亦庄亦谐，形成富于嘲弄意味的对比：

帝王虽有福，难比汤姆乐开怀，

他把人生的一切忧患都打败！

但是欢乐犹如那盛开的罂粟花，

枝头刚摘下，艳色即已差；

它又像雪片落河上，
顷刻的晶莹，永恒的消亡；
它又像那北极光，
一纵即逝，不知去何方；
它又像那美丽的霓虹，
在风暴里消失无踪。
时光的流逝谁也拉不住，
眼看汤姆就该动身去上路，
那正是黑暗到顶的二更天，
他万般无奈向驴上颠，
这样的黑夜真少有，
罪犯也不敢把路走。

前后都是随常口气，中间忽然插了一段文雅的比喻，一方面是戏仿 18 世纪英国感伤主义派诗，另一方面也使故事到此暂时放慢速度，为后面的夜行遇鬼预作准备。这就使叙述更多层次，全诗也更显丰富。如前所述，彭斯在诗札和动物诗里善于运用六行诗段；在《汤姆・奥桑特》里，他又把双韵体的优点尽情发挥，这在译文中也可看出；译文中看不出的，则是他对八音节诗行的驾驭：

O Tam! had'st thou but been sae wise,
As taen thy ain wife Kate's advice!
She tauld thee weel thou was a skellum,
A blethering, blustering, drunken blellum;

以上四行前两行每行八个音节，是标准的八音节诗行；第三行多了一个音节，略有变化；等到第四行则一下子增到十一个音节，而且大力运用了双声叠韵（blethering，blustering，blellum），这明显的变化是为了要从音韵上和用词上都强调汤姆是一个胡说八道、到处吹牛、一味贪杯的二流子。人们常说彭斯的诗得之于天然，却不知他在诗艺上其实是极为讲究的。

上述四类每类都有佳作，但还不足以尽彭斯之才，因为毕竟还有他特别擅长的抒情诗，而且另有一些诗是混合型的，例如他的讽刺诗往往也是风俗写照，咏动物诗时含社会讽刺，此外还有《爱情与自由》那首宛如诗歌盛会的“大合唱”，不是可以归属于任何一体的。

彭斯诗作的第二个特点是音乐性。他的抒情诗以歌谣为主，在 1968 年牛津版的全集里都配有曲谱，是可以唱的。有些诗行数不多，叠句又不断重复，似乎没有多少内容，但唱起来却十分感人，音乐给了它另一种深度。这也是民歌的一般情况，仅从纸面上看往往不能尽得其妙。更多的时候，则诗句本身就充满了音乐的魅力，例如：

> 轻轻地流，甜蜜的亚顿河，流过绿色的山坡，
> 轻轻地流，让我给你唱一支赞歌，
> 我的玛丽躺在你潺潺的水边睡着了，
> 轻轻地流，甜蜜的亚顿河，请不要把她的梦打扰。
>
> ——《亚顿河水》

当然，彭斯并不总唱这样甜甜的歌，他是尝遍了人生的苦辛的，也能迸发出悲怆的呼叫：

> 残月沉落白水中，
> 　时间也随我沉落，哦。
>
> ——《给我开门，哦！》

这白水是无比寒冷，而时间也跟着人的不幸的命运一起沉落，那最后的一声“哦”又含有多少辛酸和痛苦！这种地方，彭斯做到了韵律、形象、意义、感情、气氛的完全一致。

正如同所表达的情绪有欢有悲，音乐内部也是歌与白并存：既有双韵体的吟唱，又有六行体的随常口吻，一高一低，一雅一俗，两个水平，两种层次，而每一诗段甚至每一诗行之内，又有许多变化，如上面所举《汤姆·奥桑特》中双声叠韵的运用，就是一例。另外，他也会巧妙地运用复句叠唱，甚至一个地名的重复也有深意：

Drumossie moor, Drumossie day—
　　A waefu' day it was to me!
For there I lost my father dear,
　　My father dear, and brethren three.

——The Lovely Lass o' Inverness

(邓墨西荒原，邓墨西战场，
　　邓墨西动了不吉利的刀兵！
那一仗杀死了我慈爱的父亲，
　　呵，父亲外还有弟兄三人！

——《印文纳斯的美丽姑娘》)

在原文里，"邓墨西"在同一行里紧接出现两次，表示说话者在不断诅咒那个战场，三、四行则重复了"慈爱的父亲"，为了传达她对父亲的哀悼，同时"父亲"又把三、四两行联结起来，接着奇峰突起，在四行之末出现了弟兄三人阵亡的新情况。这些办法——称为"技巧"可能是太文人气了——是民间谣曲里常用的，彭斯之受惠于方言文学者不限于挑选了个别词汇，这又是一例。只不过他从来不是一个仅仅的保存者，而更是一个创造者，不仅把民歌提高到一个新的水平，而且还写出了《爱情与自由》这样的民歌联唱。这后者，无论叙事、状人、写民间风俗、发泄流浪者的情绪，无论歌曲的动听与多变、歌词的表达性和感染力，都是音域广、内容丰富的交响乐式的杰作。

第三个特点是戏剧性。许多诗都是一上来就使人一怔：

有的书从头到尾都是谎言，
有的大谎还没有见于笔端。

——《死亡与洪布克大夫》

正统派！正统派！——
信奉诺克斯的正统派！
让我向你们的良心敲起警钟……

——《苏格兰教会的警告》

或是提一个挑战性的问题：

老朋友哪能遗忘，
　　哪能不放在心上？

——《往昔的时光》

这样，就把读者立即带进一个戏剧性的场合。他也善于描写背景，寥寥几笔就把时间、地点、风景、气氛交代清楚：

一个夏天，星期日清早，
　大自然露着笑脸，
我步行去看麦苗，
　呼吸空气的新鲜，
太阳从沼地升空，
　照得到处闪光，
野兔跳过田埂，
　云雀放喉歌唱，
　　　唱得欢，那一天。

——《圣集》

这也同样吸引读者看下去，而下去了又有意想不到的变化在等候他，诗人讲故事的想象是永无穷尽的。这种戏剧性不限于叙事诗，在讽刺诗里也有，例如《威利长老的祷词》里就有，除了威利干了什么坏事以及想对别人搞什么坏着之类一一通过他自己的口说出之外，还有这类肮脏行为同全诗所用的祈祷文的庄严形式和宗教用词之间的对照，增强了它的戏剧性。同样，彭斯的诗札之所以耐读，也是因为他的笔法活泼，夹叙夹议，不断有动人的段落展现。以《致拉布雷克书》为例，开始处的诗评就异乎寻常：

好歌不知唱了多少首，
　有一首至今萦绕我心头，
　它唱的是夫妻夜谈在小楼，
　　　　听得我内心感动思悠悠，
　男的恩来女的爱，
　　　　人生如此才风流！

我从未见过任何诗人，
　能写丈夫的深情如此传神，
　因此我忙将作者的姓名问：
　　　　蒲伯，斯梯尔，还是皮亚蒂？
　这才知原来是好脾气的老兄，
　　　　就住在缪寇克村里。

这两段紧接而情调不一，前者是令人神往的歌，后者是回到乡土的话。而接下去，彭斯又用一种农民本色的方式表达了他的钦慕：

听完站起我发誓，
　哪怕当掉犁头和鞍子，
　哪怕去外乡流浪死，

尸骨不收野鸟食，

我也愿出钱买杯酒，

只要能听你谈诗。

继而介绍自己情况，笔调带点顽皮：

实际上我算不了什么诗人，

只不过偶然爱上了押韵，

更谈不上任何学问，

可是，那又有什么打紧！

只要诗神的秋波一转，

我就要浅唱低吟。

中间不忘对高贵的学者们揶揄一番：

批评家们鼻子朝天，

指着我说："你怎么敢写诗篇？

散文同韵文的区别你都看不见，

还谈什么其它？"

可是，真对不住，我的博学的对头，

你们此话可说得太差！

你们学院里的一套奇文，

偷人养汉也带上拉丁的雅名，

如果大自然规定叫你们愚蠢，

你们的文法又顶啥用？

还不如拿犁把地耕，

或将石块往家运。

这一撮迟钝又自傲的大笨蛋，
　上了大学只使脑筋更混乱！
　上学是个骡，毕业变个驴，
　　　　真相便是这般！
　只因懂得了半句希腊语，
　　　　还妄想把文艺之宫来高攀！

恐怕英国诗里，很少有这样用语通俗、妙趣横生的骂人篇章！这位农民诗人毫无自卑感，不仅大骂高贵的雅人们，还进而宣告他的艺术主张（这点我们已在上面提过）和振兴苏格兰本土诗歌传统的雄心：

呵，给我兰姆赛的豪兴，
　给我费格生的勇敢和讽刺，
　给我新朋友拉布雷克闪耀的才智，
　　　　假如我能有此缘分！
　我就有了所需要的一切，
　　　　胜过天下的学问！

下面还有新的变化，我们就不一一列举了。就是这种跌宕的写法，在内容、情调、文体等方面不断翻新，产生了一种向前推进的力量，加上六行体又运用得极为巧妙，就使得这诗札充满戏剧性，没有一处叫人感到沉闷。

第四个特点是现实性。几乎不论哪种类型的诗都有一个共同的特点，即细节的真实。他总是写得十分具体，请看：

我们老爷逼来血泪斑斑的租金，
还有煤、粮和其它种种钱货收进。
日上三竿才起身，铃儿一响群奴应，

他叫一声来了车，努努嘴来了马，
他又拿出一个真丝的钱袋，
这钱袋长如我尾，口上半开，
里面拥挤着的东西探头探脑——
原来是黄澄澄带花纹的财宝。

——《两只狗》

以上是乡下地主的写照。更出色的，是对他更熟悉的青年男女、农民、工匠、酒馆老板娘、满面风尘的流浪者等等的描绘，例如在《爱情与自由》里就有各种类型的流浪者和他们的女伴出现，而且各唱其特殊情调的歌曲。在《圣集》这首较长的诗里，既有若干个人的特写：

你听他把教义的主要之点，
　讲得如何声色俱厉！
有时平心静气，有时怒火高燃，
　一会儿顿脚，一会儿蹦起！
呵，他那长下巴，翘鼻孔，
　长老的姿势和尖叫，
哪个虔诚的人看了不激动！
　有如贴上了起疱药膏，
　　　热辣辣，那一天。

又有群像：

小伙子和姑娘们高高兴兴，
　既注意灵魂，也留心身体，
他们围桌团团坐紧，
　用匙子把加糖热酒搅一气，

谈这人的长相，那人的衣着，
　评头品足一番。
还有几对躲在舒服的角落，
　偷偷约好再寻欢，
　　　不久后，某一天。

还有这种集市上的风俗描写：

现在酒店里里外外都坐满，
　到处是酒杯上的评论家，
这边大喊快把饼干端，
　那边几乎把杯都碰炸。
人越挤越多，嗓门越叫越高，
　摆了逻辑，又引圣经，
吵得不可开交，
　到头来造成裂痕，
　　　气呼呼，那一天。

这种带讽刺意味的乡土景象，宛如 16 世纪比利时布留格尔（Pieter Breughel）的风俗画。正是这种现实主义艺术，把乡土风光、民间风俗、人情世态、青年心情等等，通过讽刺的笔触，借九行诗段的形式（每段以“那一天”的一行作结，通篇如此）融成一体，成为彭斯最吸引人的特点之一。

三

以上说明：彭斯不仅长于短曲，而且善作长歌，既是纯净的抒情诗人，又是音响繁复的诗篇的创造者。

他是真正的大众诗人，然而凡他所写，又都个性鲜明。经他改写的老民歌也都有他个人的印记。

他的缺点也不同一般。他下笔太快，即兴之作太多，因此当我们阅读他的全集的时候，就会感到许多爱情短诗和许多墓志铭之类的四行诗显得有点内容重复。他的英文诗多数不见出色，这点我们已经提过。他的诗路虽广，却没有写过哲理诗之类的作品。当然，每个诗人有他的特长与爱好，我们不能要求他越出他所选择的范围，没有任何诗人是全能的。

就他自己写的（以别于根据旧民歌改作的）诗而论，他的真正的缺点也许是两个：

1. 他的思想还不够深刻。爱情诗之外，他的作品还不能震撼我们的灵魂，或使我们对人生忽然能透视今昔，获得电光火花似的顿悟。

2. 他的态度还不彻底，对一些可憎的人和可恨的事往往止于嘲讽，而不能更进一步，使我们对于这些人和事的后面的大背景、大由来也能加深认识。

这两个缺点实是一个，即彭斯虽然对于人生表象，观察敏锐，反应强烈，但似乎不作深刻的思考，不去执着地探究背后的东西——社会原因、思想因素，等等。

也许我们是要求过分了？文学史上，有多少作家能达到这样的要求？对于一个主要作品是民歌式的小诗的诗人，又岂能像对写史诗、诗剧那类大作品的诗人们一样要求？

确实，这是对彭斯提出最高的要求了，但是从他对于后世的影响来看，由于他在这方面的不足，他诗里所表现的某些倾向——纵酒，迷恋肉体之爱，有时候沉醉在一片友谊声中，有时候又愤激得要摧毁一切——也造成了不健康的影响。他的艺术优点反而对这些倾向起了渲染的作用。

如果说，在彭斯本人，艰苦的田间劳动使他不能不抓住闭塞的乡村生活所能提供的任何小小乐趣的话，他的后世的模仿者、崇拜者则无此理由。他们多数是生活过得去的城市居民，对诗歌也没有真正的爱好，但是却喜欢传播彭斯某些诗里所表现的中酒心情和感伤情调。他们是借彭斯的酒杯来浇自己的块垒的。

因此，一位当代苏格兰诗人说出了这样的话：

> 不幸的是，彭斯本人虽然成就巨大，他对于苏格兰诗歌的影响却几乎全是坏的，造成了苏格兰方言诗的堕落。麦克迪儿米德正是坚决地反对这个而取得了成功。①

而麦克迪儿米德自己，回忆他在20世纪20年代发动"苏格兰文艺复兴"时的情况，也曾写道：

> 当时伦敦彭斯俱乐部的方言组正在吵嚷着要保存苏格兰语，可是我知道他们只把它当作一种媒介物，想靠它来把彭斯以后的打油诗、陈词滥凋、眼泪汪汪的感伤情调都维持下去,而所有这些是我所深恶痛绝的。我想不起有任何别的文学曾有类似苏格兰方言诗那样的情况：它在15、16世纪的邓巴、亨利生和盖文·道格拉斯等人取得伟大成就之后跌进了一个无灵性的垃圾的深渊。看起来，这主要得怪一些人对彭斯的崇拜。因此我反对彭斯俱乐部的建议。②

这是不常为外人所知的苏格兰诗歌史上的一个曲折。点出彭斯某些倾向所造成的后果是必要的，但是这也说明：这一个活得不长、写得不算顶多的农民诗人的影响又有多大。文学史上，一个大作家忽起前代之衰，大放光芒，但在他之后，整个文学像是精力耗尽，暂时处于低潮，这种情况是有过的。但是，彭斯的影响不可能"几乎全是坏的"，因为两位论者——以及千百个其他论者——都毫不怀

① 汤姆·司各特编：《企鹅版苏格兰诗选》，1970，第14页。

② 休·麦克迪儿米德：《苏格兰的醒悟》，收入卡尔·米勒编：《现代苏格兰回忆录》，1970，第58页。

疑彭斯本身成就的伟大。难道有伟大的成就而不给后世带来一点好处？

后世的回答是清楚的：彭斯的诗集不断地大量印行，彭斯的歌曲至今都在世界各处吟唱，说明他的作品没有被时间消蚀。正相反，他的许多优点经久而愈显，另有一些优点是后来的人才发现的，而且这一发现过程还在继续。像别的优秀古典作品一样，彭斯的诗有它自己的永在活跃的生命。

世界的读者也给了回答。照理说，这个毫不显赫的普通农民，用欧洲西北角上一个偏僻地区的方言写18世纪苏格兰的日常农村生活，无论在内容和形式上都不应该对别国的读者有多大的吸引力。然而奇迹产生了：西欧的诗人之中，彭斯是被译成外国文字最多的诗人之一，而且至今新译不断。

在我们中国，也有了几代的译者，若干种的译本。从19、20世纪之交苏曼殊译《颎颎赤墙靡》（即《一朵红红的玫瑰》）起，中间经过廋麓[①]、卞之琳[②]、袁水拍[③]等人的努力，到1959年庆祝彭斯诞生200周年时又产生了两种新译本[④]，至今还在杂志上选本里不断出现零星译文，都说明彭斯诗在中国的爱好者是代不绝人，而且数目不小。从翻译本身说，人们也可以看出：过去限于几首短诗，后来逐渐扩大，把较难的讽刺诗（如《威利长老的祷词》）、较长的叙事诗（如《汤姆·奥桑特》、《两只狗》）、别开生面的诗札（如《致拉布雷克书》）以至像《爱情与自由》那样的卓越的大合唱也都译了过来，使中国的读者能对彭斯的诗才之广，有了更深印象。

翻译也促进了研究，有不少论文已经发表。在这方面，开风气

① 廋麓译：《征夫别》二首（即《我的好玛丽》一诗），《国民杂志》1卷1期，北京，1919年1月。

② 卞之琳译：《顿肯·格雷》、《人总是人》，收入其所编《英国诗选》，湖南人民出版社，1983。

③ 袁水拍译：《我的心呀在高原》，重庆，1944。

④ 袁可嘉译：《彭斯诗抄》，上海文艺出版社，1959；王佐良译：《彭斯诗选》，人民文学出版社，1959。

之先，为后来人树立了范例的，又是鲁迅。在他的有名论文《摩罗诗力说》(1908) 里，当时年仅20出头的鲁迅写道：

> 英当十八世纪时，社会习于伪，宗教安于陋，其为文章，亦摹故旧而事涂饰，不能闻真之心声，于是哲人洛克首出，力排政治宗教之积弊，唱思想言议之自由，转轮之兴，此其播种。而在文界，则有农人朋思生苏格兰，举全力以抗社会，宣众生平等之音，不惧权威，不跽金帛，洒其热血，注诸韵言；然精神界之伟人，非遂即人群之骄子，辘轲流落，终以夭亡。①

在此节之前，鲁迅已引了拜伦对彭斯的分析：

> 斯人也，心情反张，柔而刚，疏而密，精神而质，高尚而卑，有神圣者焉，有不净者焉，亘和合也。②

应该说，这一叙一评，都是切合彭斯的真实情况的。

在解放以后，中国人民对于彭斯更加欣赏。一方面，他以农民而写农民生活，使深知农业劳动的甘苦的中国读者感到亲切，他对地主和教会的反对和对自由平等的向往也以其反封建的强烈性吸引我们。另一方面，他的诗艺的通俗性、大众化也是我们爱好的；在50年代的大规模新民歌运动中，这位苏格兰民歌的作者、保存者更被视为同调，又恰逢他的200周年纪念来临，于是条件具备，对他的翻译和研究达到一个新的高潮。

但是我们做得还不够：介绍不全面，研究不深入，无论对他的思想感情和他的诗艺都还分析不够，更没有把两者结合起来讨论，而为了做到这一切，首先需要译出更多他的作品。

---

①《鲁迅全集》，1981版，第1卷，第99页。

② 同上，第82页。

四

从翻译本身来说，我自己想要努力做到的，首先一条是：以诗译诗。彭斯的诗音乐性强，所以译文保持脚韵（但只是押大致相近的韵，而且是照当代普通话读音）。形式也力求接近，例如他常用的六行诗段，一般是一、二、三、五四行每行八音节，四、六两行每行四音节，脚韵排列是 aaabab；译文也是六行，脚韵大致也照原样（1959 译的则常有变动），四、六两行也缩短。但是在一行的内部，译文没有采取以“顿”来组成音步的办法，原因之一是有时不易决定顿在何处。我用了另一个办法，即对每行的字数有限制，不超过十三四个字，除非原诗一行特长或特短，才相应地增减字数。诗的节奏感同读诗的速度有关；如用通常速度读，十三四字一行大概可以有四或五个词组，相当四或五个音步，因此各行之间，仍有大体相同的节奏。问题倒在：过多的整齐产生单调感；我有时故意不协自定之律，而根据内容变动每行字数和句式，例如：

汤姆又惊又怕，赶紧看究竟，
那一片笑呵，乐呵，玩得正起劲：
笛子越吹越响，
舞步越跳越欢：
妖魔们急转、交叉、分开、合拢、把手牵，
直跳得女妖一个个流汗冒热烟，
纷纷把外面的破衣都脱掉，
只穿贴身汗衣一阵狂跳！

——《汤姆·奥桑特》

这里三、四行自成一对，与其它行不同；第五行包括了五个舞蹈动作，

字数也就多过别行；这两者都使诗段中间起了速度和节奏上的变化，正是这里群魔乱舞的内容所要求的。

从内容出发，也就不能仅求形似。诗的生命在意境，而意境又是靠许多东西形成的；从语言上讲，除了节奏、脚韵、速度，还有用词、句式、形象，都需要译者好好处理。形象是诗歌语言里最重要的成分，古今诗人莫不致力于此，所以需要译文高度的忠实，不忠实就难以传达原诗的新鲜或气势。然而由于两种语言和文化之间的巨大差别，这种忠实又不能局限于字面相似，而还要考虑其它因素，例如：某一形象在译文中所具有的力量、联想、气氛是否与在原文中大体相似？彭斯的名篇《一朵红红的玫瑰》里有这样几行：

And I will luve thee still, my dear,
　　Till a' the seas gang dry.
Till a' the seas gang dry, my dear,
　　And the rocks melt wi' the sun;

这里的形象——海水枯竭，岩石熔化——在原诗是新鲜的、有力的，而如果我们根据直接的反应，不加思索地用“海枯石烂不变心”来译，那就不是真正的忠实，因为“海枯石烂”这组四字成语在汉语和汉语文化环境里已经用久用惯了，不再使人感到新鲜。

另外一方面，也有在原文中是成语而无须译者作为形象来对待的例子。就在同首诗里，紧接上引，出现了两行：

I will luve thee still, my dear,
　While the sands o' life shall run.

这里 the sands o' life 就是成语，彭斯用时已不新鲜，也不存在真正的形象，因为很少人会注意到 sands 是指的过去计时的沙漏，也就无须用形象来译。

对待形象不过是对待整个诗歌语言的一个方面。诗歌语言是复杂的，其中总是若干成分并存。以彭斯而论，有清新的一面，如在他的抒情诗里；有辛辣的一面，如在他的讽刺诗里；有激越的一面，如在他的爱国诗里；有顽皮的一面，如在他的诗札和叙事诗里；但这些成分不是单独出现的，而是各以不同比例结合在不同诗篇里，其总的特点则是通俗。通俗首先见于方言的运用；那么，一个汉语译者又怎样处理苏格兰方言？是否可用中国某一地区的方言来译，例如四川方言？且不论译者本人是否有此本领，那样做的结果会带来一种与原作不一致的四川情调，而且会把读者的注意力引向一种外加成分。我的办法是：把苏格兰方言当作苏格兰国语，就像我们译任何国家的语言一样，用汉语普通话来译，而在具体处理的时候，看情况尽量通俗，亦即尽量采用民歌的调调儿，不只在音乐性上，也在句式和用词上，宁用较老、较土气的说法，而避免现代化。

译文也力求不失原诗的丰富性。上面已经提过，多读彭斯的爱情小诗，会使人感到题材与用词有某些重复。但也如上面所已说明，这本是民歌的通常情形，而且一唱起来，由于曲调和音韵不同，就各有特色。而在彭斯的较长诗篇里，更是音调繁复，内容丰富。因此，在译《致拉布雷克书》、《圣集》、《汤姆·奥桑特》、《爱情与自由》诸诗时，我把译笔放开，力求在译文中实现原诗所有的词汇、句式、韵律、情调、风格各方面的多样性，不惜文白杂糅，雅俗并陈。

有放，也有收。为了传达彭斯的活泼和戏剧性，在句式，节奏上就须紧扣原诗，例如：

He was a care-defying blade,
   As ever Bacchus listed!
Tho' Fortune sair upon him laid,
   His heart, she ever miss'd it.
He had no wish but—to be glad,
   Nor want but—when he thirsted;

He hated nought but—to be sad,
An' thus the Muse suggested
His sang that night.

(诗人原是自由自在的风流客，
酒神门下谁也不及他癫狂！
虽然人生的忧患他尝遍，
他的心可从未在命运手里受过伤。
他只有一个愿望——永远快乐无忧，
他什么也不需要——只不过爱喝烧酒，
他什么也不怨恨——除了悲哀颓唐，
这样缪斯就替他写下诗行，
让他当众歌唱。

——《爱情与自由：大合唱》)

这里五、六、七三行同原诗的句子结构一样，节奏也相似。

当然，我也作了变动，如脚韵排列不是双韵，而是一韵到底。读者还会看到，在另外一些诗的译文中，还有不少其它变动：词汇（例如草木虫鱼之名）有时不执着于词典定义，句式有时颠倒，脚韵安排有时破格，也偶有一行未尽原义而于次行补叙的作法，等等。这些变动，除了两种语言、文化不同的原因之外，还因为我有一个考虑，即译文本身应作整体来看。这包含两层意思。一层是：除了句对句、行对行的忠实之外，还应使整篇译文在总的效果上与原作一致。仅仅注意细节易使译文支离破碎，缺乏全局的连贯性。语言达意，总要依靠上下文；上下文一连贯，译者也就对细节的处理产生新的看法，或须突出，或当省略，或应变动，总之要同全局的情调或气氛一致。更深一层看，一首诗、一个作品经过翻译，实是脱离了母体，而获得了自己的生命。译文与原作有血缘关系，但又是一个独立的实体。文学翻译的创造性，归宿应在这里。

以上种种，意在说明译法，可能理论上就不正确，实践上更必是诸多乖谬，还望读者批评指正。

我译彭斯作品，从 50 年代后期到现在 80 年代中期，先后二十多年，随着多读多译，对他的了解也逐渐加深，最大的感觉是：喜悦。他一生坎坷，也写了一些颓丧的作品，但是他活得生龙活虎一般，不向权贵低头，对社会有理想，对爱人和友伴充满热情，绝大多数的作品所表达的是这样热腾腾的生活感，而艺术上生动而又丰富，尖锐而又深厚，兼有民间文学的传统性与个人天才的独创精神，所以使人爱读，而且越读越高兴。他所留下的是喜悦的文学，不是悲哀的文学。

王佐良

1984 年 3 月

Lyrics 抒情诗

O, Once I Lov'd a Bonie Lass

O, once I lov'd a bonie lass,
   Ay, and I love her still!
And whilst that virtue warms my breast,
   I'll love my handsome Nell.

As bonie lasses I hae seen,
   And monie full as braw,
But for a modest gracefu' mien,
   The like I never saw.

A bonie lass, I will confess,
   Is pleasant to the e'e;
But without some better qualities
   She's no a lass for me.

But Nelly's looks are blythe and sweet,
   And, what is best of a',
Her reputation is complete
   And fair without a flaw.

She dresses ay sae clean and neat,
   Both decent and genteel;
And then there's something in her gait
   Gars onie dress look weel.

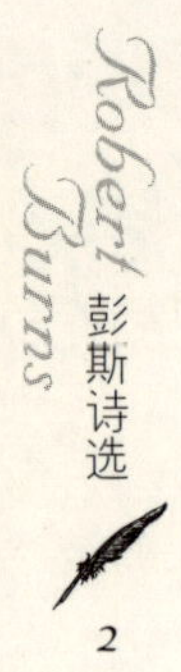

呵，我爱过

呵，我爱过一个好姑娘，
　爱她直到现在，
只要我心还向往善良，
　我永爱大方的耐尔。

好姑娘我见过不少，
　到处都有美人，
但从未见过一个，
　像她那样文静。

我承认美貌打眼，
　谁也看见喜欢，
但如她没有更高的品德，
　我不要那样的姑娘。

耐尔的面貌俏里带甜，
　但在这一切之上，
还有绝好的名声，
　清清白白，不怕人讲。

她穿得干净整齐，
　雅致而又端庄，
走起路来自有风度，
　什么衣服全好看。

A gaudy dress and gentle air
  May slightly touch the heart;
But it's innocence and modesty
  That polishes the dart.

'T is this in Nelly pleases me,
  'T is this enchants my soul;
For absolutely in my breast
  She reigns without controul.

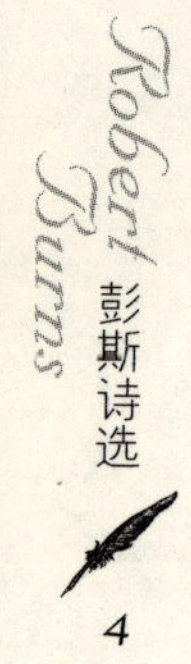

大红大绿，搔首弄姿，
　也许能使人稍稍动心，
但只有天真、朴素，
　才能使爱情加深。

这一点叫我喜欢耐尔，
　这一点打动我的灵魂，
在我的内心的最深处，
　她是绝对统治的国君。

此诗又名《大方的耐尔》，是彭斯第一首诗作，当时他才 15 岁。在 1787 年 8 月 2 日致约翰·摩亚医生的信中，有一段话可以说明当时的情况。

“你知道我们乡下的习惯，在收获季节总让一男一女做伴去劳动。在我十五岁那年秋天，同我做伴的是一个只比我小一岁的迷人的姑娘，我很难用我的有限的英文描写她的美，但你知道我们有一句苏格兰成语，她真是一个 bonie，sweet，sonsie lass（漂亮的、甜蜜的，温存的姑娘）。总之，她本人可能完全出于无心，却使我初次尝到了某种美滋滋的味道。……

她有许多叫人爱的地方，其一就是她有会唱歌的甜嗓子。有一支歌她经常爱唱，我利用那个曲子，第一次试着写了有韵脚的歌词。”

此诗内容，重姑娘的品德，不仅为美貌所动，在爱情诗里也有新意。

Corn Rigs Are Bonie

I

It was upon a Lammas night,
  When corn rigs are bonie,
Beneath the moon's unclouded light,
  I held awa to Annie:
The time flew by, wi' tentless heed,
  Till, 'tween the late and early;
Wi' sma' persuasion she agreed,
  To see me thro' the barley.

II

The sky was blue, the wind was still,
  The moon was shining clearly;
I set her down, wi' right good will,
  Amang the rigs o' barley:
I ken't her heart was a' my ain;
  I lov'd her most sincerely;
I kiss'd her owre and owre again,
  Amang the rigs o' barley.

III

I lock'd her in my fond embrace;
  Her heart was beating rarely:
My blessings on that happy place,
  Amang the rigs o' barley!

麦田有好埂

I

这是八月的夜晚，
　麦田好埂直又齐，
月亮洒下清光，
　我偷着去看安妮。
时间不知不觉飞跑，
　已到午夜时分，
她没经央求就答应了
　送我穿过田埂。

II

天空透蓝风已定，
　月光把一切照得分明，
我完全出自好心，
　请她坐在田埂。
我知道她的心全归我有，
　我爱她也一片真诚，
我把她吻个不休，
　在那月下的田埂。

III

我紧紧把她抱住，
　她的心直在扑腾，
我祝福那块乐土，
　月下的好田埂！

But by the moon and stars so bright,
That shone that hour so clearly!
She ay shall bless that happy night,
Amang the rigs o' barley.

IV

I hae been blythe wi' comrades dear;
I hae been merry drinking;
I hae been joyfu' gath'rin gear;
I hae been happy thinking:
But a' the pleasures e'er I saw,
Tho' three times doubl'd fairly,
That happy night was worth them a',
Amang the rigs o' barley.

Chorus

Corn rigs, an' barley rigs,
An' corn rigs are bonie:
I'll ne'er forget that happy night,
Amang the rigs wi' Annie.

天上月光又加星光，
　照耀那个良辰，
她将永祝欢乐的夜晚，
　在那月下的田埂。

Ⅳ

我曾同伙伴们欢聚，
　我曾开怀痛饮，
我曾愉快地把牲口点数，
　我曾独自想得高兴，
但过去的一切快活，
　即使加倍又拿三乘，
都抵不过那夜的欢乐，
　在那月下的田埂。

合唱：

大麦的田埂，小麦的田埂，
　麦田有好埂，
我将永不忘那个夜晚，
　同安妮坐在田埂。

Mary Morison

O Mary, at thy window be,
It is the wish'd, the trysted hour!
Those smiles and glances let me see,
That make the miser's treasure poor:
How blythely was I bide the stour,
A weary slave frae sun to sun,
Could I the rich reward secure,
The lovely Mary Morison.

Yestreen, when to the trembling string
The dance gaed thro' the lighted ha',
To thee my fancy took its wing,
I sat, but neither heard nor saw:
Tho' this was fair, and that was braw,
And yon the toast of a' the town,
I sigh'd, and said among them a',
"Ye are na Mary Morison."

Oh, Mary, canst thou wreck his peace,
Wha for thy sake wad gladly die?
Or canst thou break that heart of his,
Whase only faut is loving thee?
If love for love thou wilt na gie,
At least be pity to me shown;
A thought ungentle canna be
The thought o' Mary Morison.

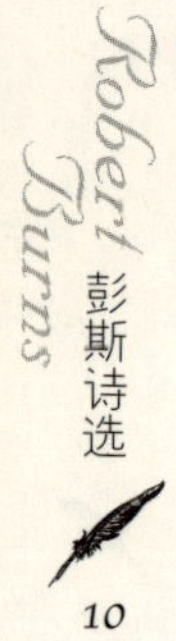

玛丽·莫里逊

呵，玛丽，守候在窗口吧，
　这正是我们相会的良辰！
只消看一眼你的明眸和巧笑，
　守财奴的珍宝就不如灰尘！
我将快乐地忍受一切苦难，
　牛马般踏上征途，一程又一程，
只要能得着无价的奖赏——
　你可爱的玛丽·莫里逊！

昨夜灯火通明，伴着颤动的提琴声，
　大厅里旋转着迷人的长裙。
我的心儿却飞向了你，
　坐在人堆里，不见也不闻；
虽然这个白得俏，那个黑得俊，
　那边还有全城倾倒的美人，
我叹了一口气，对她们大家说：
　“你们不是玛丽·莫里逊。”

呵，玛丽，有人甘愿为你死，
　你怎能叫他永远失去安宁？
你怎能粉碎他的心？
　他错只错在爱你过分！
纵使你不愿以爱来还爱，
　至少该对我有几分怜悯，
我知道任何冷酷的心意，决不会
　来自温柔的玛丽·莫里逊。

Green Grow the Rashes

There's nought but care on ev'ry han',
  In ev'ry hour that passes, O:
What signifies the life o' man,
  An' 'twere na for the lasses, O.
Chorus
  Green grow the rashes, O;
    Green grow the rashes, O;
  The sweetest hours that e'er I spend,
    Are spent amang the lasses, O.

The war'ly race may riches chase,
  An' riches still may fly them, O;
An' tho' at last they catch them fast,
  Their hearts can ne'er enjoy them, O.
Chorus
  Green grow the rashes, O;
    Green grow the rashes, O;
  The sweetest hours that e'er I spend,
    Are spent amang the lasses, O.

But gie me a cannie hour at e'en,
  My arms about my dearie, O;
An' war'ly cares, an' war'ly men,
  May a' gae tapsalteerie, O!

青青苇子草

四处都只见忧虑，
　每时每刻都一样，哦。
人生有什么可图，
　如果不是为了姑娘，哦。
　　　合唱：
　　　　青青苇子草，哦，
　　　　青青苇子草，哦；
　　　　人生极乐的时刻
　　　　是同姑娘们一道，哦。

世人但知追求钱财，
　而钱财仍然渺茫，哦。
等到最后弄到钱财，
　心里早不欣赏，哦。
　　　合唱：
　　　　青青苇子草，哦，
　　　　青青苇子草，哦；
　　　　人生极乐的时刻
　　　　是同姑娘们一道，哦。

不如找个黄昏好时节，
　让我挽住爱人的腰身，哦；
世间的忧虑，世人的一切，
　都随它们去折腾，哦。

Chorus

Green grow the rashes, O;
Green grow the rashes, O;
The sweetest hours that e'er I spend,
Are spent amang the lasses, O.

For you sae douce, ye sneer at this;
Ye're nought but senseless asses, O;
The wisest man the warl' e'er saw,
He dearly lov'd the lasses, O.

Chorus

Green grow the rashes, O;
Green grow the rashes, O;
The sweetest hours that e'er I spend,
Are spent amang the lasses, O.

Auld Nature swears, the lovely dears
Her noblest work she classes, O:
Her prentice han' she try'd on man,
An' then she made the lasses, O.

Chorus

Green grow the rashes, O;
Green grow the rashes, O;
The sweetest hours that e'er I spend,
Are spent amang the lasses, O.

合唱：

青青苇子草，哦，

青青苇子草，哦；

人生极乐的时刻

是同姑娘们一道，哦。

正人君子将我讥讽，

我看你们才是蠢驴，哦，

人间最聪明的英雄，

无一不热爱美女，哦。

合唱：

青青苇子草，哦，

青青苇子草，哦；

人生极乐的时刻

是同姑娘们一道，哦。

大自然敢于发誓，

她最好的手工是做美人，哦；

做男人只算学徒的尝试，

做姑娘才是自豪的成功，哦。

合唱：

青青苇子草，哦，

青青苇子草，哦；

人生极乐的时刻

是同姑娘们一道，哦。

The Rantin' Dog, the Daddie o't

O wha my babie-clouts will buy?
O wha will tent me when I cry?
Wha will kiss me where I lie?
  The rantin' dog, the daddie o't.

O wha will own he did the faut?
O wha will buy the groanin maut?
O wha will tell me how to ca't?
  The rantin' dog, the daddie o't.

When I mount the creepie-chair,
Wha will sit beside me there?
Gie me Rob, I'll seek nae mair,
  The rantin' dog, the daddie o't.

Wha will crack to me my lane?
Wha will mak me fidgin' fain?
Wha will kiss me o'er again?
  The rantin dog, the daddie o't.

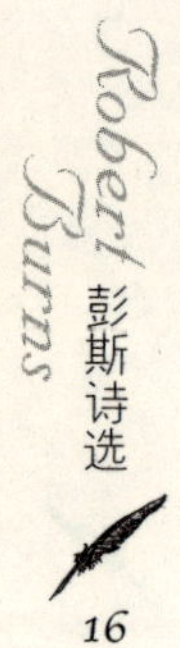

孩子他爹，这开心的家伙

呵，谁来替我的宝宝买小衣？
呵，谁来安慰我，当我哭泣？
谁来吻我，当我在床上安息？
　　孩子他爹，这开心的家伙！

呵，谁肯承认是他做的错事？
呵，谁肯买酒庆我的月子？
谁肯给我孩子取名字？
　　孩子他爹，这开心的家伙！

当我爬上凳子表忏悔，[1]
谁来旁坐把我陪？
我只要罗勃，不需别的安慰。
　　孩子他爹，这开心的家伙！

谁来同我谈心？
谁来使我高兴？
谁来把我亲了又吻？
　　孩子他爹，这开心的家伙！

① 当时苏格兰教会规定，凡青年男女私通者须在教堂当众站忏悔凳，作为一种处罚。

Rantin', Rovin' Robin

There was a lad was born in Kyle,
But whatna day o' whatna style,
I doubt it's hardly worth the while
    To be sae nice wi' Robin.
Chor.—
    Robin was a rovin' boy,
        Rantin', rovin', rantin', rovin',
    Robin was a rovin' boy,
        Rantin', rovin', Robin!

Our monarch's hindmost year but ane
Was five-and-twenty days begun,
'Twas then a blast o' Janwar' win'
    Blew hansel in on Robin.
Chor.—
    Robin was a rovin' boy,
        Rantin', rovin', rantin', rovin',
    Robin was a rovin' boy,
        Rantin', rovin', Robin!

The gossip keekit in his loof,
Quo' scho, "Wha lives will see the proof,

有一个孩子[①]

有一个孩子生在凯尔市，
若问他生在哪天哪时，
我看值不得费事，
　　无须客气待罗宾。
　合唱：
　　罗宾是一个浪荡的孩子，
　　　他乱动乱说，乱说乱动，
　　罗宾是一个浪荡的孩子，
　　　乱说乱动的罗宾。

我们王朝的倒数第二年，
刚好过去二十五天，
一月的大风把屋穿，
　　送来了礼物小罗宾。
　合唱：
　　罗宾是一个浪荡的孩子，
　　　他乱动乱说，乱说乱动，
　　罗宾是一个浪荡的孩子，
　　　乱说乱动的罗宾。

长舌妇瞧着手掌把命算，
说声“长寿的人你们来看

① 曲调：小巧的大卫。此诗实是讲彭斯自己。罗宾是罗伯特的昵称，1月25日正是彭斯的生日。

This waly boy will be nae coof:
I think we'll ca' him Robin."

Chor.—

Robin was a rovin' boy,
Rantin', rovin', rantin', rovin',
Robin was a rovin' boy,
Rantin', rovin', Robin!

"He'll hae misfortunes great an' sma',
But aye a heart aboon them a',
He'll be a credit till us a'—
We'll a' be proud o' Robin."

Chor.—

Robin was a rovin' boy,
Rantin', rovin', rantin', rovin',
Robin was a rovin' boy,
Rantin', rovin', Robin!

"But sure as three times three mak nine,
I see by ilka score and line,
This chap will dearly like our kin',
So leeze me on thee! Robin."

Chor.—

Robin was a rovin' boy,
Rantin', rovin', rantin', rovin',
Robin was a rovin' boy,
Rantin', rovin', Robin!

这胖小子准不是笨蛋，
　　正好取名小罗宾。”
　合唱：
　　罗宾是一个浪荡的孩子，
　　　他乱动乱说，乱说乱动，
　　罗宾是一个浪荡的孩子，
　　　乱说乱动的罗宾。

“他会碰上福气，也会遭遇恶运，
却始终有颗好心待别人，
会叫我们都高兴，
　　骄傲有这个小罗宾。”
　合唱：
　　罗宾是一个浪荡的孩子，
　　　他乱动乱说，乱说乱动，
　　罗宾是一个浪荡的孩子，
　　　乱说乱动的罗宾。

“三三见九二十七，
我看他寿线福线加纹理，
肯定会把我们女人迷，
　　这就叫我喜欢小罗宾!”
　合唱：
　　罗宾是一个浪荡的孩子，
　　　他乱动乱说，乱说乱动，
　　罗宾是一个浪荡的孩子，
　　　乱说乱动的罗宾。

"Guid faith," quo', scho, "I doubt you gar
The bonie lasses lie aspar;
But twenty fauts ye may hae waur
So blessins on thee! Robin."

Chor.—

Robin was a rovin' boy,
Rantin', rovin', rantin', rovin',
Robin was a rovin' boy,
Rantin', rovin', Robin!

她最后叫声“天哪，我看到将来
你会使姑娘们上床将你陪，
可是别人干的比这坏十倍，
　　所以我祝福小罗宾!”

合唱：

罗宾是一个浪荡的孩子，
　　他乱动乱说，乱说乱动，
罗宾是一个浪荡的孩子，
　　乱说乱动的罗宾。

Ca' the Yowes to the Knowes

As I gaed down the water-side,
There I met my shepherd lad:
He row'd me sweetly in his plaid,
And he ca'd me his dearie.

Chorus

Ca' the yowes to the knowes,
Ca' them where the heather grows,
Ca' them where the burnie rowes,
My bonie dearie

Will ye gang down the water-side,
And see the waves sae sweetly glide
Beneath the hazels spreading wide,
The moon it shines fu' clearly.

Chorus

Ca' the yowes to the knowes,
Ca' them where the heather grows,
Ca' them where the burnie rowes,
My bonie dearie

I was bred up in nae sic school,
My shepherd lad, to play the fool,
An' a' the day to sit in dool,
An' naebody to see me.

赶羊上山（一）

我向河岸行走，
碰上我的羊倌朋友，
他把我裹在斗篷里头，
　　叫我做他的亲人。——
　　　合唱：
　　　　把母羊赶上山岗，
　　　　赶到长着野草的地方，
　　　　赶到流着溪水的地方，
　　　　　我的好亲人。——

你愿否去到河岸，
看河水流得多欢，
榛树把枝叶伸展，
　　月亮照得分明。——
　　　合唱：
　　　　把母羊赶上山岗，
　　　　赶到长着野草的地方，
　　　　赶到流着溪水的地方，
　　　　　我的好亲人。——

我不是生来没有家教，
会跟你羊倌胡闹，
回头来整天苦恼，
　　谁也不来接近。——

Chorus

Ca' the yowes to the knowes,
Ca' them where the heather grows,
Ca' them where the burnie rowes,
My bonie dearie

Ye sall get gowns and ribbons meet,
Cauf-leather shoon upon your feet,
And in my arms ye'se lie and sleep,
An' ye sall be my dearie.

Chorus

Ca' the yowes to the knowes,
Ca' them where the heather grows,
Ca' them where the burnie rowes,
My bonie dearie

If ye'll but stand to what ye've said,
I'se gang wi' thee, my shepherd lad,
And ye may row me in your plaid,
And I sall be your dearie.

Chorus

Ca' the yowes to the knowes,
Ca' them where the heather grows,
Ca' them where the burnie rowes,
My bonie dearie

While waters wimple to the sea,
While day blinks in the lift sae hie,
Till clay-cauld death sall blin' my e'e,
Ye sall be my dearie.

合唱：

把母羊赶上山岗，
赶到长着野草的地方，
赶到流着溪水的地方，
我的好亲人。——

我会给你新衣缎带，
让你穿牛皮软鞋，
你可以睡在我的胸怀，
成为我的亲人。——

合唱：

把母羊赶上山岗，
赶到长着野草的地方，
赶到流着溪水的地方，
我的好亲人。——

如果你羊倌说话算数，
我跟你一起走路，
让你用斗篷把我包住，
成为你的亲人。——

合唱：

把母羊赶上山岗，
赶到长着野草的地方，
赶到流着溪水的地方，
我的好亲人。——

河水流向海洋，
天上亮着太阳，
直到死神用凉土盖住我眼，
你永是我的亲人。——

Chorus

Ca' the yowes to the knowes,
Ca' them where the heather grows,
Ca' them where the burnie rowes,
My bonie dearie

合唱：

把母羊赶上山岗，
赶到长着野草的地方，
赶到流着溪水的地方，
　　我的好亲人。——

这里彭斯用同一曲调谱了两套歌词，分别发表于 1787 年与 1794 年。后作更精练（除合唱部分外，只五节），早作则保有民歌的对唱，男女一唱一和，颇见清新活泼。总之，各有长处，所以都译了，也可看出彭斯对同一曲调、同一题材的再思、再创造。

Ca' the Yowes to the Knowes (Second Set)

Hark the mavis' e'ening sang,
Sounding Clouden's woods amang;
Then a-faulding let us gang,
  My bonie Dearie.

Chorus
  Ca' the yowes to the knowes,
  Ca' them where the heather grows,
  Ca' them where the burnie rowes,
    My bonie Dearie.

We'll gae down by Clouden side,
Thro' the hazels, spreading wide,
O'er the waves that sweetly glide,
  To the moon sae clearly.

Chorus
  Ca' the yowes to the knowes,
  Ca' them where the heather grows,
  Ca' them where the burnie rowes,
    My bonie Dearie.

Yonder Clouden's silent towers,
Where, at moonshine's midnight hours,
O'er the dewy bending flowers,
  Fairies dance sae cheery.

赶羊上山（二）

听！鸫鸟唱起了夜歌，
克劳登的林子在应和，
让我们把羊群赶下坡，
　　我的好亲人。
　　　合唱：
　　　　把母羊赶上山岗，
　　　　赶到长着野草的地方，
　　　　赶到流着溪水的地方，
　　　　　我的好亲人。

我们经克劳登下山，
榛树把枝叶伸展，
树下河水流得多欢，
　　月亮照得分明。
　　　合唱：
　　　　把母羊赶上山岗，
　　　　赶到长着野草的地方，
　　　　赶到流着溪水的地方，
　　　　　我的好亲人。

克劳登的高楼无声，
月光下午夜来临，
露水沾湿了花心，
　　仙子们舞得高兴。

Chorus

Ca' the yowes to the knowes,
Ca' them where the heather grows,
Ca' them where the burnie rowes,
My bonie Dearie.

Ghaist nor bogle shalt thou fear,
Thou'rt to Love and Heav'n sae dear,
Nocht of ill may come thee near;
My bonie Dearie.

Chorus

Ca' the yowes to the knowes,
Ca' them where the heather grows,
Ca' them where the burnie rowes,
My bonie Dearie.

Fair and lovely as thou art,
Thou hast stown my very heart;
I can die—but canna part,
My bonie Dearie.

Chorus

Ca' the yowes to the knowes,
Ca' them where the heather grows,
Ca' them where the burnie rowes,
My bonie Dearie.

合唱：

把母羊赶上山岗，
赶到长着野草的地方，
赶到流着溪水的地方，
我的好亲人。

不用怕妖不用怕鬼，
爱神和上天把你护卫，
邪恶的东西进不来，
我的好亲人。

合唱：

把母羊赶上山岗，
赶到长着野草的地方，
赶到流着溪水的地方，
我的好亲人。

你的美丽和温柔
已把我的心儿偷，
我可以死，但不能走，
我的好亲人。

合唱：

把母羊赶上山岗，
赶到长着野草的地方，
赶到流着溪水的地方，
我的好亲人。

I'm O'er Young to Marry Yet

I

I am my mammy's ae bairn,
   Wi' unco folk I weary, sir;
And lying in a man's bed,
   I'm fley'd it mak me eerie, sir.

Chorus
   I'm o'er young, I'm o'er young,
      I'm o'er young to marry yet;
   I'm o'er young, 'twad be a sin
      To tak me frae my mammy yet.

II

Hallowmass is come and gane,
   The nights are lang in winter, sir,
And you an' I in ae bed,
   In trowth, I dare na venture, sir.

Chorus
   I'm o'er young, I'm o'er young,
      I'm o'er young to marry yet;
   I'm o'er young, 'twad be a sin
      To tak me frae my mammy yet.

III

Fu' loud an' shill the frosty wind
   Blaws thro' the leafless timmer, sir;

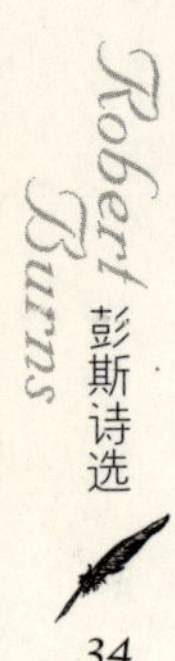

我还不到出嫁的年龄

I

先生，我是妈妈的独生女儿，
　　看见生人就存戒心，
先生，我怕睡男人的床铺，
　　睡了叫我直嘀咕。

合唱：
　我还太年轻，太年轻，
　　还不到出嫁的年龄，
　我还太年轻，做坏事的人
　　才会叫我离开母亲！

II

先生，节日来了又去，
　　冬天的夜晚好长！
先生，你说与我同床——
　　我可不敢荒唐！

合唱：
　我还太年轻，太年轻，
　　还不到出嫁的年龄，
　我还太年轻，做坏事的人
　　才会叫我离开母亲！

III

先生，冷风在门外呼啸，
　　吹得那树林萧条！

But if ye come this gate again;
I'll aulder be gin simmer, sir.

Chorus

I'm o'er young, I'm o'er young,
I'm o'er young to marry yet!
I'm o'er young, 'twad be a sin
To tak me frae my mammy yet.

先生，等你夏天再过我家门，

我长了一岁成大人！

合唱：

我还太年轻，太年轻，

还不到出嫁的年龄，

我还太年轻，做坏事的人

才会叫我离开母亲！

Of a' the Airts the Wind Can Blaw

Of a' the airts the wind can blaw,
　I dearly like the west,
For there the bonie lassie lives,
　The lassie I lo'e best:
There's wild-woods grow, and rivers row,
　And mony a hill between:
But day and night my fancys' flight
　Is ever wi' my Jean.

I see her in the dewy flowers,
　I see her sweet and fair:
I hear her in the tunefu' birds,
　I hear her charm the air:
There's not a bonie flower that springs,
　By fountain, shaw, or green;
There's not a bonie bird that sings,
　But minds me o' my Jean.

天风来自四面八方

天风来自四面八方，
　　其中我最爱西方。
西方有个好姑娘，
　　她是我心所向往！
那儿树林深，水流长，
　　还有不断的山岗，
但是我日夜地狂想，
　　只想我的琴姑娘。

鲜花滴露开眼前——
　　我看见她美丽的甜脸；
小鸟婉啭在枝头——
　　我听见她迷人的歌喉；
只要是天生的好花，
　　不管长在泉旁林间哪一家，
只要是小鸟会歌唱，
　　都叫我想到我的琴姑娘！

Auld Lang Syne

Should auld acquaintance be forgot,
  And never brought to mind?
Should auld acquaintance be forgot,
  And auld lang syne!
Chorus.
  For auld lang syne, my dear,
    For auld lang syne.
  We'll tak a cup o' kindness yet,
    For auld lang syne.

And surely ye'll be your pint stowp!
  And surely I'll be mine!
And we'll tak a cup o' kindness yet,
  For auld lang syne.
Chorus.
  For auld lang syne, my dear,
    For auld lang syne.
  We'll tak a cup o' kindness yet,
    For auld lang syne.

We twa hae run about the braes,
  And pou'd the gowans fine;
But we've wander'd mony a weary fit,
  Sin' auld lang syne.

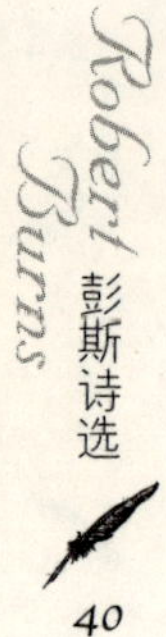

往昔的时光

老朋友哪能遗忘，
　　哪能不放在心上？
老朋友哪能遗忘，
　　还有往昔的时光？
　　　合唱：
　　　　为了往昔的时光，老朋友，
　　　　　　为了往昔的时光，
　　　　再干一杯友情的酒，
　　　　　　为了往昔的时光。

你来痛饮一大杯，
　　我也买酒来相陪。
干一杯友情的酒又何妨？
　　为了往昔的时光。
　　　合唱：
　　　　为了往昔的时光，老朋友，
　　　　　　为了往昔的时光，
　　　　再干一杯友情的酒，
　　　　　　为了往昔的时光。

我们曾遨游山岗，
　　到处将野花拜访。
但以后走上疲惫的旅程，
　　逝去了往昔的时光！

Chorus.

For auld lang syne, my dear,
For auld lang syne.
We'll tak a cup o' kindness yet,
For auld lang syne.

We twa hae paidl'd in the burn,
Frae morning sun till dine;
But seas between us braid hae roar'd
Sin' auld lang syne.

Chorus.

For auld lang syne, my dear,
For auld lang syne.
We'll tak a cup o' kindness yet,
For auld lang syne.

And there's a hand, my trusty fere!
And gie's a hand o' thine!
And we'll tak a right gude-willie waught,
For auld lang syne.

Chorus.

For auld lang syne, my dear,
For auld lang syne.
We'll tak a cup o' kindness yet,
For auld lang syne.

合唱：

为了往昔的时光，老朋友，
为了往昔的时光，
再干一杯友情的酒，
为了往昔的时光。

我们曾赤脚蹚过河流，
水声笑语里将时间忘。
如今大海的怒涛把我们隔开，
逝去了往昔的时光！

合唱：

为了往昔的时光，老朋友，
为了往昔的时光，
再干一杯友情的酒，
为了往昔的时光。

忠实的老友，伸出你的手，
让我们握手聚一堂。
再来痛饮一杯欢乐酒，
为了往昔的时光！

合唱：

为了往昔的时光，老朋友，
为了往昔的时光，
再干一杯友情的酒，
为了往昔的时光。

My Bonie Mary

Go, fetch to me a pint o' wine,
   And fill it in a silver tassie;
That I may drink before I go,
   A service to my bonie lassie.
The boat rocks at the pier o' Leith;
   Fu' loud the wind blaws frae the Ferry;
The ship rides by the Berwick-law,
   And I maun leave my bonie Mary.

The trumpets sound, the banners fly,
   The glittering spears are ranked ready:
The shouts o' war are heard afar,
   The battle closes deep and bloody;
It's not the roar o' sea or shore,
   Wad mak me langer wish to tarry!
Nor shouts o' war that's heard afar—
   It's leaving thee, my bonie Mary!

我的好玛丽

请给我取来好酒，
倒满那个银杯，
让我在离别之前，
向我的姑娘举杯。
船儿起落在江边，
大风呼啸吹得急，
船儿南行路途远，
我要同玛丽告别！

金鼓齐鸣，大旗飘扬，
雄师列阵，刀枪闪寒光。
远处传来喊杀声，
两军血战正酣！
不是风浪阻我走，
不是刀兵叫我留，
我在这儿迟疑，
全为了要同玛丽别离！

Sweet Afton

Flow gently, sweet Afton! amang thy green braes,
Flow gently, I'll sing thee a song in thy praise;
My Mary's asleep by thy murmuring stream,
Flow gently, sweet Afton, disturb not her dream.

Thou stockdove whose echo resounds thro' the glen,
Ye wild whistling blackbirds in yon thorny den,
Thou green crested lapwing thy screaming forbear,
I charge you, disturb not my slumbering Fair.

How lofty, sweet Afton, thy neighbouring hills,
Far mark'd with the courses of clear, winding rills;
There daily I wander as noon rises high,
My flocks and my Mary's sweet cot in my eye.

How pleasant thy banks and green valleys below,
Where, wild in the woodlands, the primroses blow;
There oft, as mild Ev'ning weeps over the lea,
The sweet-scented birk shades my Mary and me.

Thy crystal stream, Afton, how lovely it glides,
And winds by the cot where my Mary resides;
How wanton thy waters her snowy feet lave,
As, gathering sweet flowerets, she stems thy clear wave.

亚顿河水

轻轻地流，甜蜜的亚顿河，流过绿色的山坡，
轻轻地流，让我给你唱一支赞歌，
我的玛丽躺在你潺潺的水边睡着了，
轻轻地流，甜蜜的亚顿河，请不要把她的梦打扰。

你，在山谷里曼声长啼的斑鸠，
你，在刺树里乱吹口哨的乌鸫，
还有你，田凫和你那爱叫的祖先，
都不要惊吵我的玛丽的睡眠。

多么挺拔呵，甜蜜的亚顿河，你旁边的山，
你画的河道，又是多么曲曲弯弯，
每天太阳高照的时候，我都在那里漫游，
眼睛却盯着羊群和玛丽的甜蜜小楼。

多么愉快呵，你的两岸和岸下的绿谷，
林地里樱草花一簇又一簇，
每当柔和的黄昏弥漫草原的时辰，
喷香的桦树常为玛丽和我遮荫。

你清清的流水啊，亚顿河，流得多么可爱，
你流过的小楼就是我的玛丽所在！
你顽皮地把她雪白的双足洗涤，
每当她为采花而把你的清波踩踢。

Flow gently, sweet Afton, amang thy green braes,
Flow gently, sweet river, the theme of my lays;
My Mary's asleep by thy murmuring stream,
Flow gently, sweet Afton, disturb not her dream.

轻轻地流，甜蜜的亚顿河，流过绿色的山坡，
轻轻地流，让我给你唱一支赞歌，
我的玛丽在你潺潺的水边睡着了，
轻轻地流，甜蜜的亚顿河，请不要把她的梦打扰。

Ay Waukin, O

Simmer's a pleasant time,
Flowers of ev'ry colour;
The water rins o'er the heugh,
And I long for my true lover!
Chorus
Ay waukin, O,
Waukin still and weary:
Sleep I can get nane,
For thinking on my Dearie.

When I sleep I dream,
When I wauk I'm irie;
Sleep I can get nane
For thinking on my Dearie.
Chorus
Ay waukin, O,
Waukin still and weary:
Sleep I can get nane,
For thinking on my Dearie.

Lanely night comes on,
A' the lave are sleepin:
I think on my bony lad
And I bleer my een wi' greetin.

睡不着，哦！

夏天是愉快时候，
　　各色鲜花茂盛，
山泉流过峭壁，
　　我想我真心的爱人。
　　　合唱：
　　　　睡不着，哦，
　　　　　老睡不着，又疲倦，
　　　　尽在想我那亲人，
　　　　　一夜都没合眼。

我睡下就做梦，
　　我醒来就烦闷，
一夜都没合眼，
　　我心中想那亲人。
　　　合唱：
　　　　睡不着，哦，
　　　　　老睡不着，又疲倦，
　　　　尽在想我那亲人，
　　　　　一夜都没合眼。

冷清的夜晚来临，
　　别人都已入眠，
我却把眼睛哭红，
　　由于想我那好青年。

Chorus

Ay waukin, O,
Waukin still and weary:
Sleep I can get nane,
For thinking on my Dearie.

合唱：

睡不着，哦，

老睡不着，又疲倦，

尽在想我那亲人，

一夜都没合眼。

My Heart's in the Highlands

Chorus

My heart's in the Highlands, my heart is not here,
My heart's in the Highlands, a-chasing the deer;
A-chasing the wild-deer, and following the roe,
My heart's in the Highlands, wherever I go.

Farewell to the Highlands, farewell to the North,
The birth-place of Valour, the country of Worth;
Wherever I wander, wherever I rove,
The hills of the Highlands for ever I love.

Farewell to the mountains, high-cover'd with snow,
Farewell to the straths and green vallies below;
Farewell to the forests and wild-hanging woods,
Farewell to the torrents and loudpouring floods.

Chorus

My heart's in the Highlands, my heart is not here,
My heart's in the Highlands, a-chasing the deer;
A-chasing the wild-deer and following the roe,
My heart's in the Highlands, wherever I go.

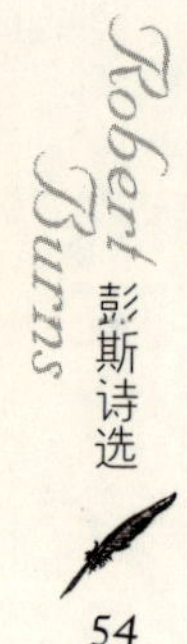

我的心呀在高原

合唱：

我的心呀在高原，这儿没有我的心，
我的心呀在高原，追赶着鹿群，
追赶着野鹿，跟踪着小鹿，
我的心呀在高原，别处没有我的心！

再会吧，高原！再会吧，北方！
你是品德的国家、壮士的故乡，
不管我在哪儿游荡、到哪儿流浪，
高原的群山我永不相忘！

再会吧，皑皑的高山，
再会吧，绿色的山谷同河滩，
再会吧，高耸的大树，无尽的林涛，
再会吧，汹涌的急流，雷鸣的浪潮！

合唱：

我的心呀在高原，这儿没有我的心，
我的心呀在高原，追赶着鹿群，
追赶着野鹿，跟踪着小鹿，
我的心呀在高原，别处没有我的心！

John Anderson, My Jo

John Anderson, my jo, John,
　When we were first acquent;
Your locks were like the raven,
　Your bonie brow was brent;
But now your brow is beld, John,
　Your locks are like the snaw;
But blessings on your frosty pow,
　John Anderson, my jo.

John Anderson, my jo, John,
　We clamb the hill thegither;
And mony a cantie day, John,
　We've had wi' ane anither:
Now we maun totter down, John,
　And hand in hand we'll go,
And sleep thegither at the foot,
　John Anderson, my jo.

约翰·安特生，我的爱人

约翰·安特生，我的爱人，
　　记得当年初相遇，
你的头发漆黑，
　　你的脸儿如玉；
如今呵，你的头发雪白，
　　你的脸儿起了皱。
祝福你那一片风霜的白头！
　　约翰·安特生，我的爱人。

约翰·安特生，我的爱人，
　　记得我俩比爬山，
多少青春的日子，
　　一起过得美满！
如今呵，到了下山的时候，
　　让我们搀扶着慢慢走，
到山脚双双躺下，还要并头！
　　约翰·安特生，我的爱人！

The Banks o' Doon

Ye banks and braes o' bonie Doon,
  How can ye bloom sae fresh and fair?
How can ye chant, ye little birds,
  And I sae weary fu' o' care!
Thou'll break my heart, thou warbling bird,
  That wantons thro' the flowering thorn:
Thou minds me o' departed joys,
  Departed never to return.

Aft hae I rov'd by Bonie Doon,
  To see the rose and woodbine twine:
And ilka bird sang o' its Luve,
  And fondly sae did I o' mine;
Wi' lightsome heart I pu'd a rose,
  Fu' sweet upon its thorny tree!
And may fause Luver staw my rose,
  But ah! he left the thorn wi' me.

杜河两岸

美丽的杜河两岸开满花，
　　如何竟开得这样鲜艳？
小鸟怎么这样尽情歌唱？
　　唯独我充满了忧伤！
会唱的小鸟呀，你浪荡地出入花丛，
　　只使我看了心碎！
因为你叫我想起逝去的欢乐——
　　逝去了，永不再回！

我曾在杜河两岸徘徊，
　　喜看藤萝攀住了蔷薇，
还听鸟儿都将爱情歌唱，
　　我也痴心地歌唱我的情郎。
快乐里我摘下一朵玫瑰，
　　红艳艳，香甜甜，带着小刺——
不想负心郎偷走了玫瑰，
　　呵，只给我留下了小刺！

Ae Fond Kiss

Ae fond kiss, and then we sever;
Ae fareweel, alas, for ever!
Deep in heart-wrung tears I'll pledge thee,
Warring sighs and groans I'll wage thee.
Who shall say that Fortune grieves him,
While the star of hope she leaves him?
Me, nae cheerful twinkle lights me;
Dark despair around benights me.

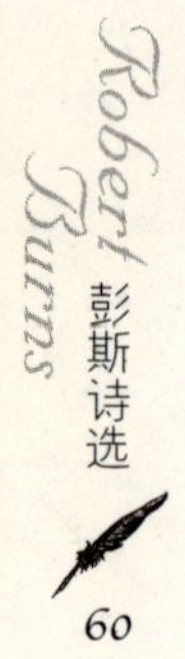

I'll ne'er blame my partial fancy,
Naething could resist my Nancy:
But to see her was to love her;
Love but her, and love for ever.
Had we never lov'd sae kindly,
Had we never lov'd sae blindly,
Never met—or never parted,
We had ne'er been broken-hearted.

Fare-thee-weel, thou first and fairest!
Fare-thee-weel, thou best and dearest!
Thine be ilka joy and treasure,
Peace, Enjoyment, Love and Pleasure!
Ae fond kiss, and then we sever!
Ae fareweeli alas, for ever!
Deep in heart-wrung tears I'll pledge thee,
Warring sighs and groans I'll wage thee.

一次亲吻

一次亲吻，然后分手，
一朝离别，永不回头！
用绞心的眼泪我向你发誓，
用激动的呜咽我向你陈词，
谁说命运已经背弃，
当希望之光还未灭熄？
没有一丝微亮照耀着我，
只有绝望像黑夜笼罩着我。

我决不怪自己偏爱，
谁能抗拒南锡的神采？
谁见她就会爱她，
谁爱她就会永远爱她。
若是我俩根本不曾热爱，
若是我俩根本不曾盲目地爱，
根本没有相逢，也就不会分手，
也就不会眼泪双双对流！

珍重吧，你女中最高最美的，
珍重吧，你人中最好最亲的，
愿你享有一切愉快，珍宝，
平安，幸福，爱情，欢笑！
一次亲吻，然后分手，
一朝离别，永不回头！
用绞心的眼泪我向你发誓，
用激动的呜咽我向你陈词。

Saw Ye Bonie Lesley

O saw ye bonie Lesley,
  As she gaed o'er the Border?
She's gane, like Alexander,
  To spread her conquests farther.

To see her is to love her,
  And love but her for ever;
For Nature made her what she is,
  And ne'er made anither!

Thou art a queen, fair Lesley,
  Thy subjects, we before thee;
Thou art divine, fair Lesley,
  The hearts o' men adore thee.

The deil he could na scaith thee,
  Or aught that wad belang thee;
He'd look into thy bonie face,
  And say—"I canna wrang thee!"

The Powers aboon will tent thee,
  Misfortune sha'na steer thee;
Thou'rt like themselves sae lovely,
  That ill they'll ne'er let near thee.

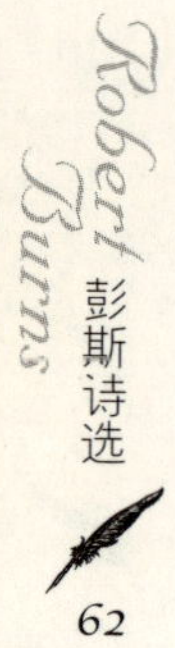

美丽的莱丝莉

呵，可曾见到美丽的莱丝莉
　越过边境而去？
她走了，像当年的亚历山大，
　去征服更多的疆域。

谁见她就会爱她，
　一爱就会一生。
她一切都天生美丽，
　可没第二个这样天生。

你是皇后，美丽的莱丝莉，
　我们是你的臣民，
你是神圣的，美丽的莱丝莉，
　男人们全向你献出了心。

魔鬼不会伤害你
　和你将有的一切东西，
他只消一看你的秀脸，
　就会说："我不能委屈你。"

天使们会保护你，
　不让恶运冒犯你，
你同天使们一样美丽，
　她们不许邪恶接近你。

Return again, fair Lesley,
  Return to Caledonie!
That we may brag we hae a lass
  There's nane again sae bonie.

回来吧，美丽的莱丝莉，
回到凯利堂尼，[1]
让我们夸口有一位姑娘，
谁也比不上她美丽。

莱丝莉实有其人，即艾尔郡的莱丝莉·贝利。她的父亲带她和另一女儿去英格兰，途经邓弗利斯，看望了彭斯。后来彭斯骑马送他们继续上路，归途作了此诗。此诗除歌颂姑娘的美丽外，也含有美好的人物为苏格兰增光的自豪感。

① 凯利堂尼，苏格兰的古名。

Such a Parcel of Rogues in a Nation

Fareweel to a' our Scottish fame,
  Fareweel our ancient glory;
Fareweel ev'n to the Scottish name,
  Sae fam'd in martial story.
Now Sark rins over Solway sands,
  An' Tweed rins to the ocean,
To mark where England's province stands—
  Such a parcel of rogues in a nation!

What force or guile could not subdue,
  Thro' many warlike ages,
Is wrought now by a coward few,
  For hireling traitor's wages.
The English stell we could disdain,
  Secure in valour's station;
But English gold has been our bane—
  Such a parcel of rogues in a nation!

O would, or I had seen the day
  That Treason thus could sell us,
My auld grey head had lien in clay,
  Wi' Bruce and loyal Wallace!

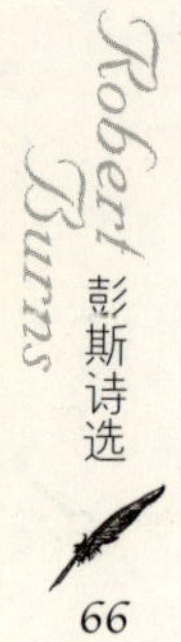

这一撮民族败类

别了，苏格兰的雄声，
　别了，我们古代的荣耀，
别了，甚至苏格兰的国名，
　尽管武功曾是她的骄傲！
如今萨克河流上索尔威滨，
　屈维河流进大西洋内，
只为标出英格兰的一个省份，
　民族中竟有这一撮败类！

武力和欺诈不曾把我们征服，
　历尽多少世代的战争，
如今几个胆小鬼把大事全误，
　为一点赏钱干了卖国的营生。
英国的刀枪我们鄙视，
　自有勇士们守住堡垒，
英国的银子却把我们克制，
　民族中竟有这一撮败类！

要是我早就看到会有一天，
　叛徒将把我们出卖，
我必定不顾白发高年，
　战死在布鲁斯、华莱士的坟外！[①]

① 布鲁斯、华莱士都是苏格兰历史上的民族英雄。

But pith and power, till my last hour,
  I'll mak this declaration;
We're bought and sold for English gold—
  Such a parcel of rogues in a nation!

现在我也要用最后一口气，
　大声告诉儿辈：
拿英国钱把我们做了交易，
　民族中竟有这一撮败类！

The Slave's Lament

It was in sweet Senegal that my foes did me enthral,
For the lands of Virginia, -ginia, O:
Torn from that lovely shore, and must never see it more;
And alas! I am weary, weary O:
Torn from that lovely shore, and must never see it more;
And alas! I am weary, weary O:

All on that charming coast is no bitter snow and frost,
Like the lands of Virginia, -ginia, O:
There streams for ever flow, and there flowers for ever blow,
And alas! I am weary, weary O:
There streams for ever flow, and there flowers for ever blow,
And alas! I am weary, weary O:

The burden I must bear, while the cruel scourge I fear,
In the lands of Virginia, -ginia, O:
And I think on friends most dear, with the bitter, bitter tear,
And alas! I am weary, weary O:
And I think on friends most dear, with the bitter, bitter tear,
And alas! I am weary, weary O:

奴隶怨

在甜蜜的塞内加尔仇人们把我来抓，
　　送到了弗吉尼亚，弗吉尼亚，哦；
硬把我从那美丽的海岸拉走，从此看不见它，
　　而我是，唉，疲倦了，疲倦了，哦！
硬把我从那美丽的海岸拉走，从此看不见它，
　　而我是，唉，疲倦了，疲倦了，哦！

那幽静的海岸上没有寒霜和冰雪，
　　不像弗吉尼亚，弗吉尼亚，哦，
那里水长流，那里花不谢，
　　而我是，唉，疲倦了，疲倦了，哦！
那里水长流，那里花不谢，
　　而我是，唉，疲倦了，疲倦了，哦！

我被赶着背上大包，又怕狠毒的鞭抽，
　　身在弗吉尼亚，弗吉尼亚，哦！
想起了最亲的朋友们，我苦泪滴滴流，
　　而我是，唉，疲倦了，疲倦了，哦！
想起了最亲的朋友们，我苦泪滴滴流，
　　而我是，唉，疲倦了，疲倦了，哦！

The Gallant Weaver

Where Cart rins rowin' to the sea,
By mony a flower and spreading tree,
There lives a lad, the lad for me,
  He is a gallant Weaver.
O, I had wooers aught or nine,
They gied me rings and ribbons fine;
And I was fear'd my heart wad tine;
  And I gied it to the Weaver.

My daddie sign'd my tocher-band,
To gie the lad that has the land,
But to my heart I'll add my hand,
  And give it to the Weaver.
While birds rejoice in leafy bowers,
While bees delight in opening flowers,
While corn grows green in summer showers,
  I love my gallant Weaver.

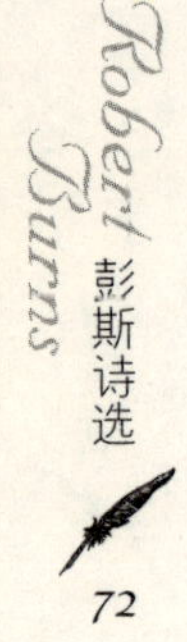

英俊的织工

大车驰向海边，
穿过大树和花园，
那儿住着我中意的少年——
　　我那英俊的织工！
呵，来求婚的何止八九，
送我戒指又加丝绸，
我为了怕把心丢，
　　把它交给了织工。

我爹许下我的嫁妆，
愿给有田产的儿郎，
我却把手也加上，①
　　一同交给了织工。
鸟儿欢唱在树林，
蜂儿采蜜在花芯，
夏雨浇得庄稼青又青——
　　我爱我那英俊的织工。

① 西方习惯，男向女求婚，被说成是“求她的手”，此处给手表示以身相许。

Highland Mary

Ye banks, and braes, and streams around
   The castle o' Montgomery!
Green be your woods, and fair your flowers,
   Your waters never drumlie:
There Simmer first unfauld her robes,
   And there the langest tarry;
For there I took the last Farewell
   O' my sweet Highland Mary.

How sweetly bloom'd the gay, green birk,
   How rich the hawthorn's blossom,
As underneath their fragrant shade,
   I clasp'd her to my bosom!
The golden Hours on angel wings,
   Flew o'er me and my Dearie;
For dear to me, as light and life,
   Was my sweet Highland Mary.

Wi' mony a vow, and lock'd embrace,
   Our parting was fu' tender;
And, pledging aft to meet again,
   We tore oursels asunder;
But oh! fell Death's untimely frost,
   That nipt my Flower sae early!
Now green's the sod, and cauld's the clay
   That wraps my Highland Mary!

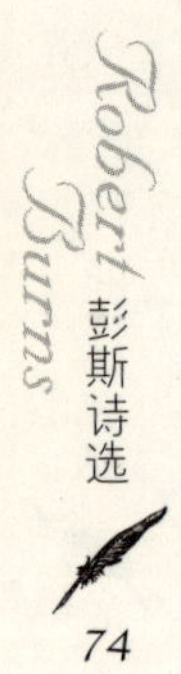

高原的玛丽

岸呵，山呵，水呵，
　　你们把蒙高利古堡围住，
林子何等绿，花儿何等艳，
　　流水又从不混浊！
那里夏天到得最早，
　　那里它久留不离，
因为我在那里最后告别
　　我那甜蜜的高原玛丽。

欢乐的绿桦树长得何等秀美，
　　山楂花开得何等茂盛！
就在它们喷香的绿荫下，
　　我把她紧抱贴身。
黄金的时光长了翅膀，
　　飞越我们的躯体，
她对我比生命还要珍贵，
　　我那甜蜜的高原玛丽。

多少遍誓言，多少次拥抱，
　　我俩难舍难分！
千百度相约重见，
　　两人才生生劈分！
谁知，呵，死神忽然降霜，
　　把我的花朵摧残成泥，
只剩下地黑、土凉，
　　盖住了我的高原玛丽！

O pale, pale now, those rosy lips,
    I aft hae kiss'd sae fondly!
And clos'd for aye, the sparkling glance
    That dwalt on me sae kindly!
And mouldering now in silent dust,
    That heart that lo'ed me dearly!
But still within my bosom's core
    Shall live my Highland Mary.

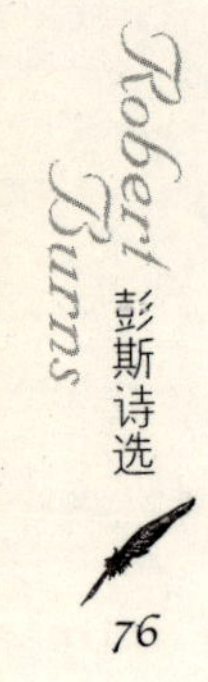

我曾热吻过的红唇，
　　已经变得冰凉，
那双温情地看我的亮眼，
　　也已永远闭上，
一颗爱过我的心，
　　如今无声地烂在地里！
但在我心的深处，
　　永生着我的高原玛丽。

Duncan Gray

Duncan Gray cam' here to woo,
   Ha, ha, the wooing o't,
On blythe Yule-night when we were fou,
   Ha, ha, the wooing o't,
Maggie coost her head fu' heigh,
Look'd asklent and unco skeigh,
Gart poor Duncan stand abeigh;
   Ha, ha, the wooing o't.

Duncan fleech'd and Duncan pray'd;
   Ha, ha, the wooing o't,
Meg was deaf as Ailsa Craig,
   Ha, ha, the wooing o't,
Duncan sigh'd baith out and in,
Grat his e'en baith blear't an' blin',
Spak o' lowpin o'er a linn;
   Ha, ha, the wooing o't.

Time and Chance are but a tide,
   Ha, ha, the wooing o't,
Slighted love is sair to bide,
   Ha, ha, the wooing o't:
Shall I like a fool, quoth he,
For a haughty hizzie die?
She may gae to—France for me!
   Ha, ha, the wooing o't.

邓肯·葛雷

邓肯·葛雷来求婚，
哈，哈，好一个求婚。
圣诞夜，全喝醉，人人欢笑，
哈，哈，好一个求婚。
麦琪把头抬得天样高，
两手叉腰，正眼也不瞧，
可怜的邓肯赶紧向后逃，
哈，哈，好一个求婚。

邓肯哀求，邓肯祷告，
哈，哈，好一个求婚。
麦琪像块顽石，无法动摇！
哈，哈，好一个求婚。
邓肯唉声又叹气，
眼睛哭得像胡桃，
说是要找瀑布向下跳，
哈，哈，好一个求婚。

时光和运气像浪潮，
哈，哈，好一个求婚。
失恋的痛苦真难熬，
哈，哈，好一个求婚。
他心想我怎能这样没出息，
为一个骄傲女人就把命丢掉？
去她的！让她到法国去卖俏！
哈，哈，好一个求婚。

How it comes let doctors tell,
  Ha, ha, the wooing o't;
Meg grew sick, as he grew hale,
  Ha, ha, the wooing o't.
Something in her bosom wrings,
For relief a sigh she brings:
And oh! her een they spak sic things!
  Ha, ha, the wooing o't.

Duncan was a lad o' grace,
  Ha, ha, the wooing o't:
Maggie's was a piteous case,
  Ha, ha, the wooing o't:
Duncan could na be her death,
Swelling Pity smoor'd his wrath;
Now they're crouse and canty baith,
  Ha, ha, the wooing o't.

后来的变化让医生们去讲，
哈，哈，好一个求婚。
麦琪得了病，邓肯长得壮，
哈，哈，好一个求婚。
麦琪的心里像刀绞，
唉声叹气愁难消，
看呵，她眼睛里心事有多少，
哈，哈，好一个求婚。

邓肯是个漂亮的少年，
哈，哈，好一个求婚。
麦琪倒变得真可怜，
哈，哈，好一个求婚。
邓肯哪能睁着眼睛看她死，
爱惜之心早将怒气吞。
如今他俩愉快又温存，
哈，哈，好一个求婚！

Open the Door to Me, oh

Oh, open the door, some pity to shew,
  If love it may na be, oh:
Tho' thou hast been false, I'll ever prove true,
  Oh, open the door to me, oh.

Cauld is the blast upon my pale cheek,
  But caulder thy love for me, oh:
The frost that freezes the life at my heart,
  Is nought to my pains frae thee, oh.

The wan Moon is setting beyond the white wave,
  And Time is setting with me, oh:
False friends, false love, farewell! for mair
  I'll ne'er trouble them, nor thee, oh.

She has open'd the door, she has open'd it wide,
  She sees the pale corse on the plain, oh:
"My true love!" she cried, and sank down by his side,
  Never to rise again, oh.

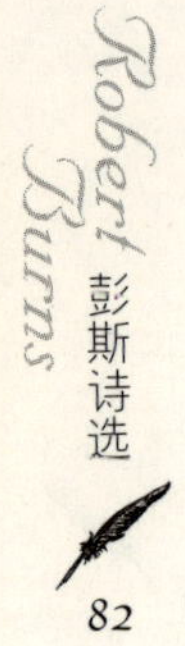

给我开门，哦！[1]

哦，开门，纵使你对我无情，
　也表一点怜悯，哦。
你虽变了心，我仍忠于情。
　哦，给我开门，哦。

风吹我苍白的双颊，好冷！
　但冷不过你对我的心，哦。
冰霜使我心血凝冻，
　也没你给我的痛深，哦。

残月沉落白水中，
　时间也随我沉落，哦。
假朋友，变心人，永别不再逢！
　我决不再来缠磨，哦。

她把门儿大敞开，
　见了平地上苍白的尸体，哦，
只喊了一声“爱”就倒在尘埃，
　从此再也不起，哦。

① 曲调：轻轻地开门。

Logan Braes

O Logan, sweetly didst thou glide,
That day I was my Willie's bride,
And years sin syne hae o'er us run,
Like Logan to the simmer sun:
But now thy flowery banks appear
Like drumlie Winter, dark and drear,
While my dear lad maun face his faes,
Far, far frae me and Logan braes.

Again the merry month of May
Has made our hills and valleys gay;
The birds rejoice in leafy bowers,
The bees hum round the breathing flowers;
Blythe Morning lifts his rosy eye,
And Evening's tears are tears o' joy:
My soul, delightless a' surveys,
While Willie's far frae Logan braes.

Within yon milk-white hawthorn bush,
Amang her nestlings sits the thrush:
Her faithfu' mate will share her toil,
Or wi' his song her cares beguile;
But I wi' my sweet nurslings here,
Nae mate to help, nae mate to cheer,
Pass widow'd nights and joyless days,
While Willie's far frae Logan braes.

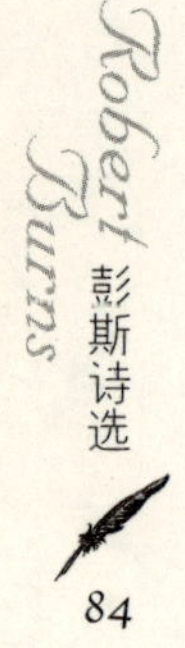

洛甘河

当年洛甘河水流荡荡，
正是威利刚作我的郎。
但此后流走了漫长岁月，
洛甘河空自流向阳光。
如今河岸上花开一片，
我却只见冬天的黑暗荒凉，
因为我的郎给逼上了战场，
远离我，远离洛甘河的家乡。

一年又到愉快的五月，
山谷开满艳丽的鲜花。
花丛里蜜蜂嗡嗡响，
绿荫下鸟儿成了家。
清新的早晨阳光闪亮，
幸福的夜晚不禁泪下。
但是我却索然寡欢，
因为威利远离了洛甘河的家乡。

看那里一丛雪白的丁香，
黄莺安顿了她的一窝儿郎，
她有忠实的丈夫帮忙，
为解妻子的闷，他还把歌儿来唱；
我这儿也有小宝贝一大窝，
可没帮忙的丈夫来唱歌，
晚上守空床，白天意怏怏，
只因威利远离了洛甘河的家乡！

O wae be to you, Men o' State,
That brethren rouse to deadly hate!
As ye make mony a fond heart mourn,
Sae may it on your heads return!
How can your flinty hearts enjoy
The widow's tears, the orphan's cry?
But soon may peace bring happy days,
And Willie hame to Logan braes!

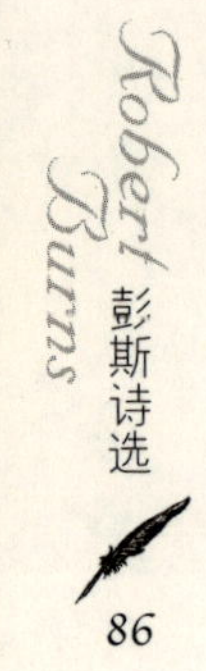

呵，你们这些该死的当权大人！
你们挑起了兄弟间的血海深仇，
你们弄得人人心里悲伤，
这一切灾难定要回到你们头上！
你们还忍心寻欢买笑，
不听寡妇的啼哭、孤儿的哀叫！
但愿和平早早带来快乐的时光，
威利返回洛甘河的家乡！

Whistle, and I'll Come to You, My Lad

Chorus

O whistle, an' I'll come to ye, my lad,
O whistle, an' I'll come to ye, my lad,
Tho' father an' mother an' a' should gae mad,
O whistle, an' I'll come to ye, my lad.

But warily tent when ye come to court me,
And come nae unless the back-yett be a-jee;
Syne up the back-stile, and let naebody see,
And come as ye were na comin' to me,
And come as ye were na comin' to me.

Chorus

O whistle, an' I'll come to ye, my lad,
O whistle, an' I'll come to ye, my lad,
Tho' father an' mother an' a' should gae mad,
O whistle, an' I'll come to ye, my lad.

At kirk, or at market, whene'er ye meet me,
Gang by me as tho' that ye car'd na a flie;
But steal me a blink o' your bonie black e'e,
Yet look as ye were na lookin' to me,
Yet look as ye were na lookin' to me.

Chorus

O whistle, an' I'll come to ye, my lad,
O whistle, an' I'll come to ye, my lad,

郎吹口哨妹就来

合唱：

呵，郎吹口哨妹就来，
呵，郎吹口哨妹就来！
哪怕爹娘气发疯，
呵，郎吹口哨妹就来！

你要求爱得悄悄来，
后门不开不要来，
来了从后院上楼别让人见，
见了装作不是为我来，
见了装作不是为我来！

合唱：

呵，郎吹口哨妹就来，
呵，郎吹口哨妹就来！
哪怕爹娘气发疯，
呵，郎吹口哨妹就来！

如果在教堂和市场碰上我，
你要装作无心看我就走过，
走过了可要让你的黑眼偷偷瞧，
瞧着了又当不知道，
瞧着了又当不知道！

合唱：

呵，郎吹口哨妹就来，
呵，郎吹口哨妹就来！

Tho' father an' mother an' a' should gae mad,
O whistle, an' I'll come to ye, my lad.

Aye vow and protest that ye care na for me,
And whiles ye may lightly my beauty a-wee;
But court na anither, tho' jokin' ye be,
For fear that she wile your fancy frae me,
For fear that she wile your fancy frae me.

Chorus

O whistle, an' I'll come to ye, my lad,
O whistle, an' I'll come to ye, my lad,
Tho' father an' mother an' a' should gae mad,
O whistle, an' I'll come to ye, my lad.

哪怕爹娘气发疯，

呵，郎吹口哨妹就来！

有时候你该发誓赌咒不理我，

有时候不妨说我长得丑。

但是呵，就为假装也不许把别的姑娘勾，

我怕她们会把你的心来偷，

我怕她们会把你的心来偷！

合唱：

呵，郎吹口哨妹就来，

呵，郎吹口哨妹就来！

哪怕爹娘气发疯，

呵，郎吹口哨妹就来！

Scots, Wha Hae

Scots, wha hae wi' Wallace bled,
Scots, wham Bruce has aften led;
Welcome to your gory bed,
  Or to victorie.

Now's the day, and now's the hour;
See the front o' battle lour;
See approach proud Edward's power—
  Chains and slaverie!

Wha will be a traitor-knave?
Wha will fill a coward's grave?
Wha sae base as be a slave?
  Let him turn and flee!

Wha for Scotland's King and law
Freedom's sword will strongly draw,
Free-man stand, or Free-man fa',
  Let him follow me!

By oppression's woes and pains!
By your sons in servile chains!
We will drain our dearest veins,
  But they shall be free!

苏格兰人

跟华莱士流过血的苏格兰人，
随布鲁斯作过战的苏格兰人，
起来！倒在血泊里也成——
　　　　要不就夺取胜利！

时刻已到，决战已近，
前线的军情吃紧，
骄横的爱德华在统兵入侵——
　　　　带来锁链，带来奴役！

谁愿卖国求荣？
谁愿爬进懦夫的坟茔？
谁卑鄙到宁做奴隶偷生？——
　　　　让他走，让他逃避！

谁愿将苏格兰国王和法律保护，
拔出自由之剑来痛击、猛舞？
谁愿生作自由人，死作自由魂？——
　　　　让他来，跟我出击！

凭被压迫者的苦难来起誓，
凭你们受奴役的子孙来起誓，
我们决心流血到死——
　　　　但他们必须自由！

Lay the proud usurpers low!
Tyrants fall in every foe!
Liberty's in every blow!
  Let us do, or die!

打倒骄横的篡位者！
死一个敌人，少一个暴君！
多一次攻击，添一分自由！
　　　　动手——要不就断头！

这是彭斯所作爱国诗中最著名的一首，写的是苏格兰国王罗伯特·布鲁斯在大破英国侵略军的班诺克本一役（1314 年）之前向部队所作的号召。首先发表在 1794 年 5 月的《纪事晨报》。

诗中所提的华莱士是一位 13 世纪的苏格兰民族英雄，也曾大败英军。但后为奸人出卖，被执处死。爱德华指英王爱德华二世。

彭斯一直念念不忘为苏格兰民族独立而斗争的志士，写此诗时爱国热情尤其澎湃。不仅如此，他还借古讽今，曾经明白写信告诉朋友说：启发他写这首诗的不只是古代那场“光荣的争取自由的斗争”，而还有“在时间上却不是那么遥远的同类性质的斗争”，即法国大革命，当时正方兴未艾，在苏格兰的彼岸如火如荼地展开。

A Red, Red Rose

O my Luve's like a red, red rose,
   That's newly sprung in June;
O my Luve's like the melodie,
   That's sweetly play'd in tune.

As fair art thou, my bonie lass,
   So deep in luve am I;
And I will luve thee still, my dear,
   Till a' the seas gang dry.

Till a' the seas gang dry, my dear,
   And the rocks melt wi' the sun;
And I will luve thee still, my dear,
   While the sands o' life shall run.

And fare-thee-weel, my only Luve!
   And fare-thee-weel, a while!
And I will come again, my Luve,
   Tho' 'twere ten thousand mile!

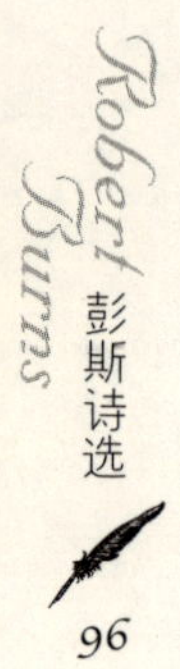

一朵红红的玫瑰

呵，我的爱人像朵红红的玫瑰，
　　六月里迎风初开；
呵，我的爱人像支甜甜的曲子，
　　奏得合拍又和谐。

我的好姑娘，你有多么美，
　　我的情也有多么深。
我将永远爱你，亲爱的，
　　直到大海干枯水流尽。

直到大海干枯水流尽，
　　太阳把岩石烧作灰尘，
我也永远爱你，亲爱的，
　　只要我一息犹存。

珍重吧，我唯一的爱人，
　　珍重吧，让我们暂时别离，
我准定回来，亲爱的，
　　哪怕跋涉千万里！

A Man's a Man for a' That

Is there for honesty Poverty
  That hings his head, an' a' that;
The coward slave—we pass him by,
  We dare be poor for a' that!
For a' that, an' a' that.
  Our toils obscure an' a' that,
The rank is but the guinea's stamp,
  The Man's the gowd for a' that.

What though on hamely fare we dine,
  Wear hoddin grey, an' a' that;
Gie fools their silks, and knaves their wine;
  A Man's a Man for a' that:
For a' that, an a' that,
  Their tinsel show, an' a' that;
The honest man, tho' e'er sae poor,
  Is king o' men for a' that.

Ye see yon birkie, ca'd a lord,
  Wha struts, an' stares, an' a' that;
Tho' hundreds worship at his word,
  He's but a coof for a' that:
For a' that, an' a' that,
  His ribband, star, an' a' that:
The man o' independent mind
  He looks an' laughs at a' that.

不管那一套

有没有人，为了正大光明的贫穷
而垂头丧气，挺不起腰——
这种怯懦的奴才，我们不齿他！
我们敢于贫穷，不管他们那一套，
管他们这一套那一套，
什么低贱的劳动那一套，
官衔只是金币上的花纹，
人才是真金，不管他们那一套！

我们吃粗粮，穿破烂，
但那又有什么不好？
让蠢才穿罗着缎，坏蛋饮酒作乐，
大丈夫是大丈夫，不管他们那一套！
管他们这一套那一套，
他们是绣花枕头
正大光明的人，尽管穷得要死，
才是人中之王，不管他们那一套！

你瞧那个叫做老爷的家伙
装模作样，大摆大摇，
尽管他一呼百诺，
尽管他有勋章绶带一大套，
白痴还是白痴！
管他们这一套那一套，
一个有独立人格的人
看了只会哈哈大笑！

A prince can mak a belted knight,
A marquis, duke, an' a' that;
But an honest man's abon his might,
Gude faith, he maunna fa' that!
For a' that, an' a' that,
Their dignities an' a' that;
The pith o' sense, an' pride o' worth,
Are higher rank than a' that.

Then let us pray that come it may,
(As come it will for a' that,)
That Sense and Worth, o'er a' the earth,
Shall bear the gree, an' a' that.
For a' that, an' a' that,
It's coming yet for a' that,
That Man to Man, the world o'er,
Shall brothers be for a' that.

国王可以封官：
公侯伯子男一大套。
光明正大的人不受他管——
他也别梦想弄圈套！
管他们这一套那一套，
什么贵人的威仪那一套，
实实在在的真理，顶天立地的品格，
才比什么爵位都高！

好吧，让我们来为明天祈祷，
不管怎么变化，明天一定会来到，
那时候真理和品格
将成为整个地球的荣耀！
管他们这一套那一套，
总有一天会来到：
那时候全世界所有的人
都成了兄弟，不管他们那一套！

O Wert Thou in the Cauld Blast

O wert thou in the cauld blast,
On yonder lea, on yonder lea,
My plaidie to the angry airt,
I'd shelter thee, I'd shelter thee;
Or did Misfortune's bitter storms
Around thee blaw, around thee blaw,
Thy bield should be my bosom,
To share it a', to share it a'.

Or were I in the wildest waste,
Sae black and bare, sae black and bare,
The desert were a Paradise,
If thou wert there, if thou wert there;
Or were I Monarch o' the globe,
Wi' thee to reign, wi' thee to reign,
The brightest jewel in my Crown
Wad be my Queen, wad be my Queen.

如果你站在冷风里

呵，如果你站在冷风里，
　一人在草地，在草地，
我的斗篷会挡住凶恶的风，
　保护你，保护你。
如果灾难像风暴袭来，
　落在你头上，你头上，
我将用胸脯温暖你，
　一切同享，一切同当。

如果我站在最可怕的荒野，
　天黑又把路迷，把路迷，
就是沙漠也变成天堂，
　只要有你，只要有你。
如果我是地球的君王，
　宝座我们共有，我们共有，
我的王冠上有一粒最亮的珍珠——
　它是我的王后，我的王后。

The Lovely Lass o' Inverness

The lovely lass o' Inverness,
   Nae joy nor pleasure can she see;
For, e'en to morn she cries, "alas!"
   And aye the saut tear blin's her e'e.

"Drumossie moor, Drumossie day—
   A waefu' day it was to me!
For there I lost my father dear,
   My father dear, and brethren three.

"Their winding-sheet the bluidy clay,
   Their graves are growin' green to see;
And by them lies the dearest lad
   That ever blest a woman's e'e!

"Now wae to thee, thou cruel lord,
   A bluidy man I trow thou be;
For mony a heart thou has made sair,
   That ne'er did wrang to thine or thee!"

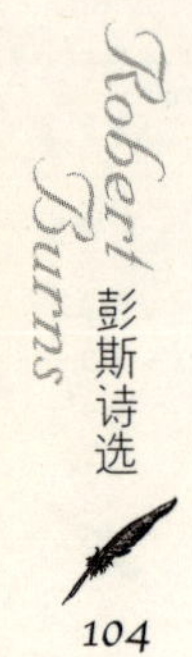

印文纳斯的美丽姑娘

印文纳斯的美丽姑娘，
　　没有半点儿欢欣，
从早到晚她叹着命苦，
　　咸味的泪水遮住了眼睛。

“邓墨西荒原，邓墨西战场，
　　邓墨西动了不吉利的刀兵！
那一仗杀死了我慈爱的父亲，
　　呵，父亲外还有弟兄三人！

“染血的红土是他们的寿衣，
　　怒生的野草是他们的灵寝，
旁边还躺下一位最可爱的少年，
　　哪一个女人见过他这样的英俊？

“残忍的爵爷呀，愿恶运永降你身！
　　你准是一个吸血的畜生！
多少人对你毫无冒犯，
　　你却叫他们永远伤心！”

Comin thro' the Rye

Comin thro' the rye, poor body,
  Comin thro' the rye,
She draigl't a' her petticoatie,
  Comin thro' the rye!
Chorus
  O Jenny's a' weet, poor body,
    Jenny's seldom dry:
  She draigl't a' her petticoatie,
    Comin thro' the rye!

Gin a body meet a body
  Comin thro' the rye,
Gin a body kiss a body,
  Need a body cry?
Chorus
  O Jenny's a' weet, poor body,
    Jenny's seldom dry:
  She draigl't a' her petticoatie,
    Comin thro' the rye!

Gin a body meet a body
  Comin thro' the glen,
Gin a body kiss a body,
  Need the warld ken?

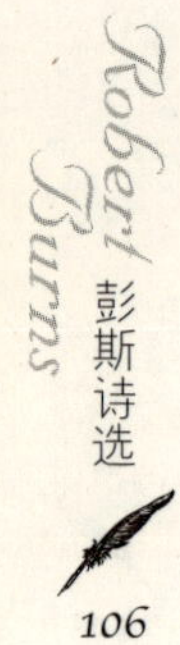

走过麦田来

可怜的人儿，走过麦田来，
　　走过麦田来，
她拖着长裙，
　　走过麦田来。
　　　合唱：
　　　　呵，珍尼是可怜的人儿，
　　　　　　珍尼哭得悲哀。
　　　　她拖着长裙，
　　　　　　走过麦田来。

如果一个他碰见一个她，
　　走过麦田来，
如果一个他吻了一个她，
　　她何必哭起来？
　　　合唱：
　　　　呵，珍尼是可怜的人儿，
　　　　　　珍尼哭得悲哀。
　　　　她拖着长裙，
　　　　　　走过麦田来。

如果一个他碰见一个她，
　　走过山间小道，
如果一个他吻了一个她，
　　别人哪用知道！

Chorus

O Jenny's a' weet, poor body,
Jenny's seldom dry:
She draigl't a' her petticoatie,
Comin thro' the rye!

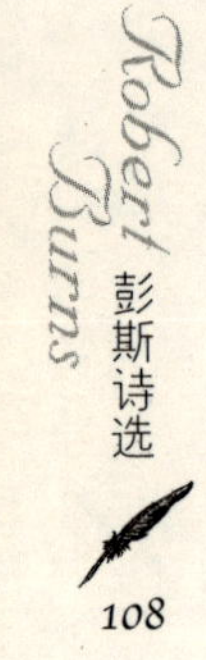

合唱：

呵，珍尼是可怜的人儿，

　　珍尼哭得悲哀。

她拖着长裙，

　　走过麦田来。

It Was a' for Our Rightfu' King

It was a' for our rightfu' King
   We left fair Scotland's strand;
It was a' for our rightfu' King
   We e'er saw Irish land, my dear,
   We e'er saw Irish land.

Now a' is done that men can do,
   And a' is done in vain;
My Love and Native Land fareweel,
   For I maun cross the main, my dear,
   For I maun cross the main.

He turn'd him right and round about,
   Upon the Irish shore;
And gae his bridle reins a shake,
   With adieu for evermore, my dear,
   And adieu for evermore.

The sodger frae the wars returns,
   The sailor frae the main;
But I hae parted frae my Love,
   Never to meet again, my dear,
   Never to meet again.

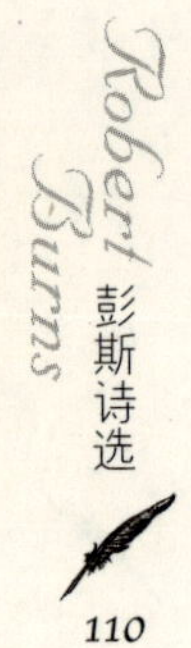

为了我们正统的国王

为了我们正统的国王，
　　我们离开美丽的苏格兰海港。
为了我们正统的国王，
　　我们才见到爱尔兰地方，
　　　　　　亲爱的，
　　　我们才见到爱尔兰地方。

如今一切人事都已尽了，
　　一切都渺茫！
再见吧，我的爱人，我的故乡！
　　我必须越过海洋，
　　　　　　亲爱的，
　　　我必须越过海洋！

他朝右一转拐了弯，
　　身在爱尔兰的海岸，
他用力抖一下马韁，
　　从此就永远他往，
　　　　　　亲爱的，
　　　从此就永远他往。

兵士从战场回来，
　　水手自海洋归航，
我却离开了爱人，
　　从此就永远相忘，
　　　　　　亲爱的，
　　　从此就永远相忘。

When day is gane, and night is come,
　And a' folk bound to sleep;
I think on him that's far awa,
　The lee-lang night, and weep, my dear,
　The lee-lang night, and weep.

白天过去，黑夜临头，
　　人们都进了梦乡。
想起他在远方，我就流泪，
　　哭他那永恒的黑夜茫茫，
　　　　亲爱的，
　　　哭他那永恒的黑夜茫茫。

The Tree of Liberty

Heard ye o' the Tree o' France,
   And wat ye what's the name o't?
Around it a' the patriots dance—
   Weel Europe kens the fame o't!
It stands where ance the Bastile stood—
   A prison built by kings, man,
When Superstition's hellish brood
   Kept France in leading-strings, man.

Upo' this tree there grows sic fruit,
   Its virtues a' can tell, man;
It raises man aboon the brute,
   It mak's him ken himsel', man!
Gif ance the peasant taste a bit,
   He's greater than a lord, man,
And wi' the beggar shares a mite
   O' a' he can afford, man.

This fruit is worth a' Afric's wealth:
   To comfort us 't was sent, man,
To gie the sweetest blush o' health,
   And mak' us a' content, man!
It clears the een, it cheers the heart,
   Mak's high and low guid friends, man,
And he wha acts the traitor's part,
   It to perdition sends, man.

自由树

你曾否听说法兰西有棵大树？
　　你知道它叫什么名字？
爱国的志士围着它跳舞——
　　全欧洲都景仰它的名字！
它长在巴士底的废墟，
　　那原是国王的监狱，
当时魔道的子孙横行，
　　曾将法兰西的手脚捆紧。

这棵树长出了果子，
　　人人都知道它的好处，
它把人从野兽的地位提升，
　　使他明白人之所以为人。
这果子如让农夫尝一尝，
　　他的伟大就超过贵胄，
他将拿出他全部的食粮，
　　不论多少都与乞丐共有！

这果子抵得了全非洲的财宝，
　　它特来将我们慰劳：
给我们带来最美丽的红光，
　　使我们满足，使我们健康，
它擦亮了人的眼睛，鼓舞了人的赤心，
　　它使人人都变成好友，不分显贵和贱民。
谁要敢把卖国的角色来扮，
　　它叫他永劫不返！

My blessings ay attend the chiel,
   Wha pitied Gallia's slaves, man,
And staw a branch, spite o' the Deil,
   Frae 'yont the western waves, man!
Fair Virtue water'd it wi' care,
   And now she sees wi' pride, man,
How weel it buds and blossoms there,
   Its branches spreading wide, man.

But vicious folk ay hate to see
   The works o' Virtue thrive, man:
The courtly vermin's bann'd the tree,
   And grat to see it thrive, man!
King Louis thought to cut it down,
   When it was unco sma', man;
For this the watchman cracked his crown,
   Cut aff his head and a', man.

A wicked crew syne, on a time,
   Did tak' a solemn aith, man,
It ne'er should flourish to its prime—
   I wat they pledg'd their faith, man!
Awa they gaed wi' mock parade,
   Like beagles hunting game, man,
But soon grew weary o' the trade,
   And wish'd they'd been at hame, man.

我祝福那位男子汉，
　　他曾对法国的奴隶长叹，
天不怕地不怕，他从大洋的西岸
　　偷来这树的一节支干，
美丽的道德之神细心给它浇水，
　　现在她可以昂首相看：
这棵树已经开花结果，
　　枝叶广被，七色斑斓。

坏人们可不愿亲眼目睹
　　道德的事业如此兴旺，
宫廷里的蛆虫下令将它绑住，
　　看它长得茂盛就眼泪汪汪。
路易王立意将它劈砍，
　　那时树儿还非常娇柔，
为此守树人砸坏他的王冠，
　　还一刀砍下了他的狗头。

跟着有一群坏小子，
　　居然郑重立了志，
决心不让这树长大——
　　我知道他们还对天宣誓！
他们排开了队伍就起身，
　　活像一群疯狂的猎犬，
但很快他们就疲于奔命，
　　悔恨离开了家园！

Fair Freedom, standing by the tree,
  Her sons did loudly ca', man.
She sang a sang o' Liberty,
  Which pleas'd them ane and a', man.
By her inspir'd, the new-born race
  Soon drew the avenging steel, man.
The hirelings ran—her foes gied chase,
  And bang'd the despot weel, man.

Let Britain boast her hardy oak,
  Her poplar, and her pine, man!
Auld Britain ance could crack her joke,
  And o'er her neighbours shine, man!
But seek the forest round and round,
  And soon 't will be agreed, man,
That sic a tree can not be found
  'Twixt London and the Tweed, man.

Without this tree alake this life
  Is but a vale o' woe, man,
A scene o' sorrow mix'd wi' strife,
  Nae real joys we know, man;
We labour soon, we labour late,
  To feed the titled knave, man,
And a' the comfort we're to get,
  Is that ayont the grave, man.

美人名自由，玉立在树旁，
　　高声把她的儿子来号召，
她唱了一曲自由之歌，
　　他们听了一齐叫好。
在她的鼓舞之下，这新生的人民
　　很快就举起复仇之刀。
走狗们遁逃，志士们穷追，
　　还把那暴君惩个妙。

让不列颠去夸耀坚实的橡树，
　　还有她的白杨和青松！
老大的不列颠一度夸过海口，
　　在邻居中独占上风。
但现在你如在森林里团团搜寻，
　　你就会发现英国的真情：
从伦敦城一直找到屈微河，
　　这样的好树就不见一棵！

但是没有这棵树，
　　人生就只有不尽的忧伤，
悲哀已不胜，纠纷更难当，
　　决无半点甜蜜可尝！
我们起早又摸黑，
　　都只为养肥有爵位的流氓！
若问我们的安慰何在？
　　进了坟墓也渺茫！

Wi' plenty o' sic trees, I trow,
  The warld would live in peace, man.
The sword would help to mak' a plough,
  The din o' war wad cease, man.
Like brethren in a common cause,
  We'd on each other smile, man;
And equal rights and equal laws
  Wad gladden every isle, man.

Wae worth the loon wha wadna eat
  Sic halesome, dainty cheer, man!
I'd gie the shoon frae aff my feet,
  To taste the fruit o't here, man!
Syne let us pray, Auld England may
  Sure plant this far-famed tree, man;
And blythe we'll sing, and herald the day
  That gives us liberty, man.

一旦有了许多这样的树，

　　世界的人民就会和平相处。

熔化了刀枪打好犁，

　　战争烽火也就平息。

我们都是一个事业里的弟兄，

　　四面八方都是笑容。

平等的权利，平等的法律，

　　将使一切岛屿都欢腾！

多么清洁美丽的果子——

　　谁不吃不得好死！

我愿意卖掉我的长靴，

　　只要能在此地尝到这果子！

让我们祈祷会有一天来到，

　　古老的英格兰也把这棵名树种好！

这未来的一天呵，让我们放开歌喉，

　　愉快地迎接自由！

Epigrams

讽刺诗

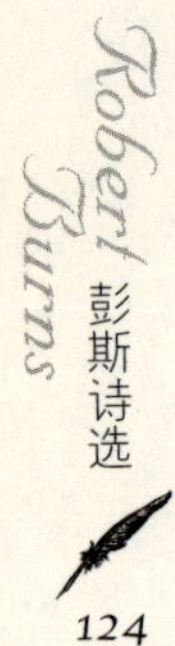

Address to the Unco Guid or the Rigidly Righteous

My Son, these maxims make a rule,
An' lump them aye thegither;
The *Rigid Righteous* is a fool,
The *Rigid Wise* anither:
The cleanest corn that ere was dight
May hae some pyles o' caff in;
So ne'er a fellow-creature slight
For random fits o' daffin.
SOLOMON.—Eccles. ch. vii. verse 16.

I

O ye wha are sae guid yoursel',
Sae pious and sae holy,
Ye've nought to do but mark and tell
Your neibours' fauts and folly!
Whase life is like a weel-gaun mill,
Supplied wi' store o' water;
The heapèd happer's ebbing still,
An' still the clap plays clatter.

致好得出奇者，即古板的正经人

我的儿子，送你几句箴言，
　合起来可称规律，
古板的正经人是笨虫，
　古板的聪明人是蠢驴；
打得最干净的麦子，
　也会有一些麸皮；
所以千万不要看不起人，
　只因他偶然玩点把戏。

所罗门——《传道书》第七章第十六节[①]

I

呵，你们这些好人，
　个个都高尚虔诚，
无事可干，除了细心寻找
　街坊们的过失和毛病。
你们的生活像磨房的石盘，
　有足够的水力如意运转，
料斗里麦子加满又磨掉，
　随着拍板不断地往返。

① 《旧约·传道书》此处本文如下：“不要行义过分，也不要过于自逞智慧，何必自取败亡呢。”

II

Hear me, ye venerable core,
　As counsel for poor mortals
That frequent pass douce Wisdom's door
　For glaikit Folly's portals:
I, for their thoughtless, careless sakes,
　Would here propone defences—
Their donsie tricks, their black mistakes,
　Their failings and mischances.

III

Ye see your state wi' theirs compared,
　And shudder at the niffer;
But cast a moment's fair regard,
　What maks the mighty differ;
Discount what scant occasion gave,
　That purity ye pride in;
And (what's aft mair than a' the lave),
　Your better art o' hidin.

IV

Think, when your castigated pulse
　Gies now and then a wallop!
What ragings must his veins convulse,
　That still eternal gallop!
Wi' wind and tide fair i' your tail,
　Right on ye scud your sea-way;
But in the teeth o' baith to sail,
　It maks an unco lee-way.

Ⅱ

听我说，年高德劭的诸公，
　　我乃凡夫俗子的律师，
他们同严肃的智慧不打交道，
　　只奔轻佻的愚蠢之门，
他们不长心眼，随随便便，
　　玩倒霉的小把戏，犯可怕的大错误，
还有各种毛病和失策，
　　都由我在这里替他们辩护。

Ⅲ

你们把他们的情况一对照，
　　就对两者的差别大摇其头，
但如能平心静气地想一想，
　　究竟什么使大人物不同凡流？
如果不算碰运气得到的，
　　你们自傲的那点纯洁，
只有你们善于掩盖的本领
　　才超过别人的一切。

Ⅳ

想想你们虽把七情六欲压住，
　　也不免常有放纵，
那些不受拘束的人
　　又怎能熬得住欲念沸腾！
你们的船顺风又顺流，
　　当然平稳快当，直放大海，
但如果顶风逆流向上走，
　　准会行驶得七斜八歪。

V

See Social Life and Glee sit down,
All joyous and unthinking,
Till, quite transmugrified, they're grown
Debauchery and Drinking:
O, would they stay to calculate
Th' eternal consequences;
Or your more dreaded hell to state,
Damnation of expenses!

VI

Ye high, exalted, virtuous dames,
Tied up in godly laces,
Before ye gie poor Frailty names,
Suppose a change o' cases;
A dear-lov'd lad, convenience snug,
A treach'rous inclination—
But, let me whisper i' your lug,
Ye're aiblins nae temptation.

VII

Then gently scan your brother man,
Still gentler sister woman;
Tho' they may gang a kennin wrang,
To step aside is human:
One point must still be greatly dark,—
The moving *Why* they do it;
And just as lamely can ye mark,
How far perhaps they rue it.

V

看社交和娱乐两位先生
　　坐在一起，高兴无忧，
不料过一会就转变气质，
　　成为淫荡和贪杯之流。
呵，愿他们能估量一下
　　造成了什么永恒的后果，
或者说说更可怕的下场，
　　在地狱里花大钱赌博！

VI

你们这些讲道德的高贵女士，
　　衣服紧扣，道貌岸然，
且慢把可怜的失足者责骂，
　　先来设身处地，把她扮演：
来了心爱的人，碰上方便的机会，
　　按捺不住，起了邪心——
不过，让我低声附耳说一句，
　　也许你们挑不起这等感情。

VII

所以要和气对待你们的兄弟，
　　更要体贴你们的姊妹，
纵然他们做了一丁点错事，
　　凡是人都不免偶尔走斜。
有一点至今难以弄明，
　　是什么激情使他们失误，
也难真正地看清，
　　他们后悔到什么地步。

VIII

Who made the heart, 'tis He alone
   Decidedly can try us;
He knows each chord, its various tone,
   Each spring, its various bias:
Then at the balance let's be mute,
   We never can adjust it;
What's done we partly may compute,
   But know not what's resisted.

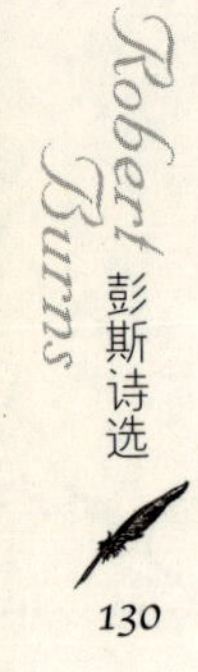

Ⅷ

只有制作我们的心的上帝，
　　才能最有力地考验我们：
他知道每根心弦能发多少音，
　　每条血管能载多少情。
那么在天平之前让我们住口，
　　因为我们无法把它摆平，
也许算得出人家干了什么，
　　却不知顶住没干的事情。

Holy Willie's Prayer

"And send the godly in a pet to pray." —Pope.

ARGUMENT.—Holy Willie was a rather oldish bachelor elder, in the parish of Mauchline, and much and justly famed for that polemical chattering, which ends in tippling orthodoxy, and for that spiritualized bawdry which refines to liquorish devotion. In a sessional process with a gentleman in Mauchline—a Mr. Gavin Hamilton—*Holy Willie* and his priest, Father Auld, after full hearing in the presbytery of Ayr, came off but second best; owing partly to the oratorical powers of Mr. Robert Aiken, Mr. Hamilton's counsel; but chiefly to Mr. Hamilton's being one of the most irreproachable and truly respectable characters in the county. On losing the process, the muse overheard him (Holy Willie) at his devotions, as follows:—

O Thou, who in the heavens does dwell,
Who, as it pleases best Thysel',
Sends ane to heaven an' ten to hell,
A' for Thy glory,
And no for ony gude or ill
They've done afore Thee!

I bless and praise Thy matchless might,
When thousands Thou hast left in night,
That I am here afore Thy sight,
For gifts an' grace
A burning and a shining light
To a' this place.

威利长老的祷词

使敬神者一怒之下而去祷告。——蒲伯

内容概要　威利是摩希林地方教堂的长老，一个上了年纪的单身汉，喜与人争，喋喋不休，以此出名，终成正统，然贪杯如故；又以好色著，虽经净化，貌似虔诚，实仍多欲。曾与当地绅士盖文·汉弥登先生发生争执，向该地长老大会控告，大会听了他及支持他的峨特教士的全部陈述后，认为罪状不能成立。所以如此，原因部分在于汉弥登有律师罗伯特·艾肯能言善辩，主要则由于汉弥登本人为人正直，在当地极受尊敬之故。威利败诉后，诗神偶过其家，听他正在祈祷，祷词如下：

主呵，我主坐镇在天上，
凡事随心所欲，
叫一人上天堂，十人下地狱，
　　都只为主的荣光，
与他们自身无关：作恶，行善，
　　全不相干。

我赞美主的威力无边！
主将千万人丢在黑暗的深渊，
唯独我在主的面前，
　　受主的恩典。
论才干和品德，谁都承认
　　我是此地的明灯！

What was I, or my generation,
That I should get sic exaltation,
I wha deserve most just damnation
For broken laws,
Five thousand years ere my creation,
Thro' Adam's cause?

When frae my mither's womb I fell,
Thou might hae plunged me in hell,
To gnash my gums, to weep and wail,
In burnin lakes,
Where damnèd devils roar and yell,
Chain'd to their stakes.

Yet I am here a chosen sample,
To show Thy grace is great and ample;
I'm here a pillar o' Thy temple,
Strong as a rock,
A guide, a buckler, and example,
To a' Thy flock.

But yet, O L—d! confess I must,
At times I'm fash'd wi' fleshly lust:
An' sometimes, too, in warldly trust,
Vile self gets in:
But Thou remembers we are dust,
Defil'd wi' sin.

我何幸，我的一代又何幸，
居然获得这特殊的恩宠？
我本来只配永世沉沦，
　　　因亚当罪孽深重！[①]
六千年前他犯了天条，
　　　我生前就有罪难逃！

自从我走出娘胎，
打入地狱本应该，
您本可将我丢进火焰海，
　　　烧得我苦苦叫哀。
铁柱上锁住了永不超生的鬼，
　　　哭号声叫人心摧！

但我却活在人间，还以贤德中选，
显示天主的恩泽无边。
我站在这里，作教堂的支柱，
　　　比岩石还坚。
我是您子民的护卫和榜样，
　　　并把他们导引如牛羊。

可是主呵，我又必须承认——
好些时，春意浓，心痒难受，
也曾经，见钱眼开，孽根不净，
　　　恶性又冒头！
不过主呵，您记得我们本是尘世身，
　　　从头起便是罪恶人。

① 指基督教圣经故事：夏娃食了禁果，亚当继之，上帝大怒，将他们逐出伊甸园，以后他们生下子女，即为今日人类之始。

O L—d! yestreen, Thou kens, wi' Meg—
Thy pardon I sincerely beg,
O! may't ne'er be a living plague
To my dishonour,
An' I'll ne'er lift a lawless leg
Again upon her.

Besides, I farther maun avow,
Wi' Leezie's lass, three times I trow—
But L—d, that Friday I was fou,
When I cam near her;
Or else, Thou kens, Thy servant true
Wad never steer her.

Maybe Thou lets this fleshly thorn
Buffet Thy servant e'en and morn,
Lest he owre proud and high shou'd turn,
That he's sae gifted:
If sae, Thy han' maun e'en be borne,
Until Thou lift it.

L—d, bless Thy chosen in this place,
For here Thou has a chosen race:
But G—d confound their stubborn face,
An' blast their name,
Wha bring Thy elders to disgrace
An' public shame.

昨夜晚，主知道，我同美琪相聚——
呵，我惶恐，求主宽恕！
但愿没闯大祸，不至于
　　　　　毁了一生名誉！
我决不让无法无天的风流腿
　　　　　再上她的小床去捣鬼。

除此外，还有一事要招：
莉西的女儿也来过——大约三遭。
不过，主呵，那一晚碰上她，
　　　　　我早已黄汤灌饱。
不是酒，您的忠仆哪会出丑，
　　　　　更不会将她引诱。

也许主故意叫淫欲生刺，
刺得您奴仆日夜烦恼，
免得他趾高气扬太骄傲，
　　　　　自以为天生才高？
如果这样，多少刺我也将忍受，
　　　　　直到您高抬贵手。

愿主赐福本地的教徒，
他们是您特选的子民。
但是，主呵，诅咒那倔强的一群，
　　　　　让他们把脸面丢尽！
他们曾使您的管事们蒙羞，
　　　　　而且当众出丑。

L—d, mind Gaw'n Hamilton's deserts;
He drinks, an' swears, an' plays at cartes,
Yet has sae mony takin arts,
Wi' great and sma',
Frae G—d's ain priest the people's hearts
He steals awa.

An' when we chasten'd him therefor,
Thou kens how he bred sic a splore,
An' set the warld in a roar
O' laughing at us;—
Curse Thou his basket and his store,
Kail an' potatoes.

L—d, hear my earnest cry and pray'r,
Against that Presbyt'ry o' Ayr;
Thy strong right hand, L—d, mak it bare
Upo' their heads;
L—d visit them, an' dinna spare,
For their misdeeds.

O L—d, my G—d! that glib-tongu'd Aiken,
My vera heart and flesh are quakin,
To think how we stood sweatin', shakin,
An' p—'d wi' dread,
While he, wi' hingin lip an' snakin,
Held up his head.

主呵，请给汉弥登应受的惩罚！
他骂街、打牌，又喝酒，
到处笼络，不论年长年幼，
　　　　　小恩小惠有一手！
这样就从主的牧师手上，
　　　　　把人心完全偷光。

为此我们要加以管教，
不料惹起一场大纠纷，
他一声喊，引来一群闲人，
　　　　　个个都嘲笑我们。
主呵，咒诅他的篮筐和伙房，
　　　　　让他的白菜、土豆烂光。

主呵，我迫切向您呼吁祈求：
一定要惩治艾尔城全体老教友！
主呵，高举您山岳似的右手，
　　　　　猛敲他们的秃头！
请主严厉对待，决不容情，
　　　　　处罚他们的罪行！

还有，主呵，那油嘴滑舌的艾肯！
想起他我至今胆战心惊，
那一天他骂得我黄汗像雨淋，
　　　　　一害怕小便又失禁。
老峨特也张口结舌往外溜，
　　　　　双手抱住了头！

L—d, in Thy day o' vengeance try him,
L—d, visit him wha did employ him,
And pass not in Thy mercy by 'em,
        Nor hear their pray'r,
But for Thy people's sake, destroy 'em,
        An' dinna spare.

But, L—d, remember me an' mine
Wi' mercies temp'ral an' divine,
That I for grace an' gear may shine,
        Excell'd by nane,
And a' the glory shall be thine,
        Amen, Amen!

主呵，只等审判的日子一来到，
惩罚了他，还要重办他的雇主，
对他们决不要踌躇，
　　　　也不要听他们诉苦。
为了子民之故快将他们处死，
　　　　不能有半点仁慈！

但是主呵，请记住我和我的一家，
赐我天上地下的一切鸿运，
让我有福有财无比光彩，
　　　　荣华超过任何人！
一切荣耀归我主，
　　　　阿门！阿门！

关于这首有名的讽刺诗，诗人自己曾经这样写道："这诗一出现，当地长老大会就大为惊慌，曾经专门开会三四次之多，查遍了全部的教义和教规，想看是否能利用一点神圣的炮火来对付冒渎神祇的诗人骚客。"(1787 年 8 月 2 日彭斯致约翰·摩尔医生书）可见正像彭斯另外一些作品一样，这首诗曾在当时的实际生活中起过战斗作用。

To a Louse

Ha! whaur ye gaun, ye crowlin ferlie?
Your impudence protects you sairly;
I canna say but ye strunt rarely,
Owre gauze and lace;
Tho', faith! I fear ye dine but sparely
On sic a place.

Ye ugly, creepin, blastit wonner,
Detested, shunn'd by saunt an' sinner,
How daur ye set your fit upon her—
Sae fine a lady?
Gae somewhere else and seek your dinner
On some poor body.

Swith! in some beggar's hauffet squattle;
There ye may creep, and sprawl, and sprattle,
Wi' ither kindred, jumping cattle,
In shoals and nations;
Whaur horn nor bane ne'er daur unsettle
Your thick plantations.

Now haud you there, ye're out o' sight,
Below the fatt'rels, snug and tight;
Na, faith ye yet! ye'll no be right,
Till ye've got on it—

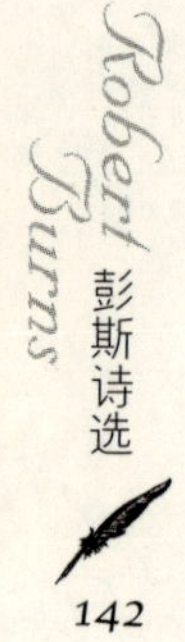

致虱子

哈，往哪儿跑，你这爬虫？
仗着大胆乱动，
摇摇摆摆上了帽缝，
　　　　进出纱巾和花边，
我敢说没什么可供吃用，
　　　　在那等地点。

该死的丑恶东西，
好人、歹徒都把你厌弃，
你怎敢爬上她的玉体，
　　　　一个贵人！
走，到别处去寻吃的，
　　　　找一个穷人。

快，那儿有一个乞丐头发蓬松，
你可以去爬，钻，玩弄，
还有别的蹦跳的小虫，
　　　　正好结成一帮。
反正梳子的牙齿不会来碰
　　　　你们深藏的地方。

喂，你且别动！现在你避开人眼，
躲在帽带下边，舒服安全，
可是，天！你却定要爬过帽沿，
　　　　奔向峰顶，

The vera tapmost, tow'rin height
O' Miss' bonnet.

My sooth! right bauld ye set your nose out,
As plump an' grey as ony groset:
O for some rank, mercurial rozet,
Or fell, red smeddum,
I'd gie ye sic a hearty dose o't,
Wad dress your droddum.

I wad na been surpris'd to spy
You on an auld wife's flainen toy;
Or aiblins some bit duddie boy,
On's wyliecoat;
But Miss' fine Lunardi! fye!
How daur ye do't?

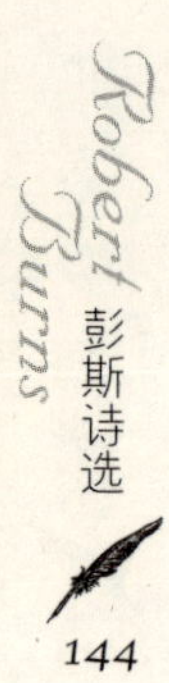

O Jeany, dinna toss your head,
An' set your beauties a' abread!
Ye little ken what cursed speed
The blastie's makin:
Thae winks an' finger-ends, I dread,
Are notice takin.

O wad some Power the giftie gie us
To see oursels as ithers see us!
It wad frae mony a blunder free us,
An' foolish notion:
What airs in dress an' gait wad lea'e us,
An' ev'n devotion!

直到高踞在小姐的帽尖，
　　否则死不甘心！

瞧！你居然敢把鼻子伸出来，
又黑又肥，像一粒大黑莓。
啊，如果我有水银、松香之类，
　　或者什么毒膏，
正好给你满满开一味，
　　叫你的屁股吃饱！

要是你出现在老太婆的破帽，
那不会出我意料，
躺在穷小子的背心里逍遥，
　　也不会叫我惊奇。
可是小姐新买的意大利帽，
　　那不是你撒野之地！

啊，珍尼，请不要摇头晃脑，
卖弄你的青春美貌，
你哪知这坏蛋已经爬高，
　　速度无比！
我怕你那挤眉弄眼的一套，
　　只会叫人把它注意。

啊，但愿上天给我们一种本领，
能像别人那样把自己看清！
那就会免去许多蠢事情，
　　也不会胡思乱猜，
什么装饰和姿势会抬高身份，
　　甚至受到膜拜！

Poems of Chanting Animals

吟动物诗

Poor Mailie's Elegy

Lament in rhyme, lament in prose,
Wi' saut tears trickling down your nose;
Our bardie's fate is at a close,
Past a' remead!
The last, sad cape-stane o' his woes;
Poor Mailie's dead!

It's no the loss o' warl's gear,
That could sae bitter draw the tear,
Or mak our bardie, dowie, wear
The mourning weed:
He's lost a friend an' neebor dear
In Mailie dead.

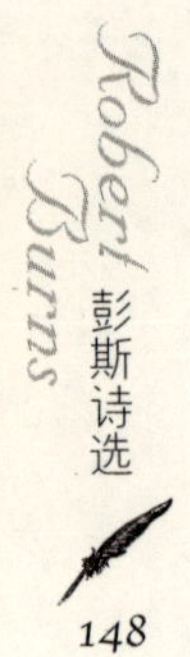

Thro' a' the town she trotted by him;
A lang half-mile she could descry him;
Wi' kindly bleat, when she did spy him,
She ran wi' speed:
A friend mair faithfu' ne'er cam nigh him,
Than Mailie dead.

I wat she was a sheep o' sense,
An' could behave hersel' wi' mense:
I'll say't, she never brak a fence,
Thro' thievish greed.
Our bardie, lanely, keeps the spence
Sin' Mailie's dead.

挽梅莉

哀悼吧，用韵文，或者散文，
让眼泪流下你的鼻缝，
诗人又遇上恶运，
　　　　想避免，全无效！
遭了最大的悲痛，
　　　　可怜的梅莉死了！

不是由于丢了财富，
才引起这样的愁苦，
使得诗人穿上丧服，
　　　　忍不住哀号，
而是失去了朋友和帮助，
　　　　由于梅莉死了！

梅莉曾陪他走遍全城，
一里之外就能把他辨认，
见了就亲热地叫一声，
　　　　立刻朝他直跑，
哪里去找这样忠实的友人，
　　　　如今梅莉死了。

我知道梅莉是懂事的母羊，
举止落落大方，
她从未因为贪婪，
　　　　钻过人家篱笆。
诗人只好独坐把门关，
　　　　自从梅莉死了。

Or, if he wanders up the howe,
Her living image in her yowe
Comes bleating till him, owre the knowe,
For bits o' bread;
An' down the briny pearls rowe
For Mailie dead.

She was nae get o' moorland tips,
Wi' tauted ket, an' hairy hips;
For her forbears were brought in ships,
Frae 'yont the Tweed.
A bonier fleesh ne'er cross'd the clips
Than Mailie's dead.

Wae worth the man wha first did shape
That vile, wanchancie thing—a raip!
It maks guid fellows girn an' gape,
Wi' chokin dread;
An' Robin's bonnet wave wi' crape
For Mailie dead.

O, a' ye bards on bonie Doon!
An' wha on Ayr your chanters tune!
Come, join the melancholious croon
O' Robin's reed!
His heart will never get aboon—
His Mailie's dead!

他也曾漫步上山，
却遇到“咩咩”叫着的小羊，
一看原是梅莉所产，
　　　　跑来要点面包。
他禁不住泪洒衣衫，
　　　　为的梅莉死了。

梅莉可不是荒地野种之后，
毛粗又加身丑，
它祖先是曲维河对岸的牲口，
　　　　拿船接运来到。
再也剪不到羊毛这样轻柔，
　　　　如今梅莉死了。

诅咒那第一个起恶心的人
想出了那该死的长绳！
好心人看了都气愤，
　　　　还怕被它绊倒！
罗平的帽上挂着黑纱巾，
　　　　因为梅莉死了。

啊，杜河两岸的诗人，
你们在艾尔把风笛调正，
请来配合罗平的芦笛声，
　　　　一齐奏出哀调！
他的心从此冰冷，
　　　　他的梅莉死了！

To a Mouse

On turning her up in her nest with the plough,
November, 1785

Wee, sleekit, cow'rin, tim'rous beastie,
O, what a panic's in thy breastie!
Thou need na start awa sae hasty,
Wi' bickering brattle!
I wad be laith to rin an' chase thee,
Wi' murd'ring pattle!

I'm truly sorry man's dominion,
Has broken nature's social union,
An' justifies that ill opinion,
Which makes thee startle
At me, thy poor, earth-born companion,
An' fellow-mortal!

I doubt na, whiles, but thou may thieve;
What then? poor beastie, thou maun live!
A daimen icker in a thrave
'S a sma' request;
I'll get a blessin wi' the lave,
An' never miss't!

Thy wee bit housie, too, in ruin!
It's silly wa's the win's are strewin!
An' naething, now, to big a new ane,

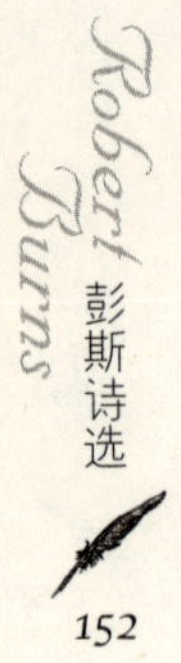

写给小鼠

1785年11月耕地时犁翻鼠窝，小鼠惊走，见而赋此。

呵，光滑、胆怯、怕事的小东西，
多少恐惧藏在你的心里！
你大可不必这样匆忙，
　　　　一味向前乱闯！
我哪会忍心拖着凶恶的铁犁
　　　　在后紧紧追你！

我真抱憾人这个霸道的东西，
破坏了自然界彼此的友谊，
于是得了一个恶名，
　　　　连我也叫你吃惊。
可是我呵，你可怜的友伴，土生土长，
　　　　同是生物本一样！

我知道你有时不免偷窃，
但那又算什么？你也得活着呼吸！
一串麦穗里捡几颗，
　　　　这点要求不苛。
剩下的已够我称心，
　　　　不在乎你那一份。

可怜你那小小的房屋被摧毁，
破墙哪经得大风来回地吹！
要盖新居没材料，

O' foggage green!
An' bleak December's winds ensuin,
Baith snell an' keen!

Thou saw the fields laid bare an' waste,
An' weary winter comin fast,
An' cozie here, beneath the blast,
Thou thought to dwell—
Till crash! the cruel coulter past
Out thro' thy cell.

That wee bit heap o' leaves an' stibble,
Has cost thee mony a weary nibble!
Now thou's turn'd out, for a' thy trouble,
But house or hald,
To thole the winter's sleety dribble,
An' cranreuch cauld!

But, Mousie, thou art no thy lane,
In proving foresight may be vain;
The best-laid schemes o' mice an' men
Gang aft agley,
An' lea'e us nought but grief an' pain,
For promis'd joy!

Still thou art blest, compar'd wi' me
The present only toucheth thee:
But, Och! I backward cast my e'e.
On prospects drear!
An' forward, tho' I canna see,
I guess an' fear!

连荒草也难找！
眼看十二月的严冬就逼近，
如刀的北风刮得紧！

你早见寂寞的田野已荒芜，
快到的冬天漫长又艰苦，
本指望靠这块避风地，
舒舒服服过一季。
没想到那残忍的犁头一声响，
就叫你家园全遭殃！

这小小一堆树叶和枯枝，
费了你多少疲倦的日子！
如今你辛苦的经营全落空，
赶出了安乐洞！
无家无粮，就凭孤身去抵挡
漫天风雪，遍地冰霜！

但是鼠呵，失望不只是你的命运，
人的远见也一样成泡影！
人也罢，鼠也罢，最如意的安排
也不免常出意外！
只剩下痛苦和悲伤，
代替了快乐的希望。

比起我，你还大值庆幸，
你的烦恼只在如今。
我呢，唉，向后看
一片黑暗；
向前看，说不出究竟，
猜一下，也叫人寒心！

The Auld Farmer's New-Year-Morning Salutation to His Auld Mare, Maggie

On giving her the accustomed ripp of corn to hansel in the New Year.

A Guid New-year I wish thee, Maggie!
Hae, there's a ripp to thy auld baggie:
Tho' thou's howe-backit now, an' knaggie,
　　I've seen the day
Thou could hae gaen like ony staggie,
　　Out-owre the lay.

Tho' now thou's dowie, stiff, an' crazy,
An' thy auld hide as white's a daisie,
I've seen thee dappl't, sleek an' glaizie,
　　A bonie gray:
He should been tight that daur't to raize thee,
　　Ance in a day.

Thou ance was i' the foremost rank,
A filly buirdly, steeve, an' swank;
An' set weel down a shapely shank,
　　As e'er tread yird;
An' could hae flown out-owre a stank,
　　Like ony bird.

老农向母马麦琪贺年

附赠礼品麦子一把

恭贺新禧，麦琪，
请收下这点麦子喂肚皮！
你如今虽然骨瘦腿疲，
　　但我见过你从前
跑起来能同小雄马相比，
　　草场上一骑当先。

现在你精神萎靡，动作僵硬，
身上的毛也白得像草根，
我可见过你膘肥身灵，
　　灰色的斑纹闪亮光！
那时候逗你得分外机警，
　　哪怕只试一趟。

你原是众马之首，
高大，强壮，活溜，
没有更敏捷的小腿踏上地头，
　　像你当年！
那时你一跳就越过溪流，
　　身轻似燕。

It's now some nine-an'-twenty year,
Sin' thou was my guid-father's mear;
He gied me thee, o' tocher clear,
An' fifty mark;
Tho' it was sma', 'twas weel-won gear,
An' thou was stark.

When first I gaed to woo my Jenny,
Ye then was trotting wi' your minnie:
Tho' ye was trickie, slee, an' funnie,
Ye ne'er was donsie;
But hamely, tawie, quiet, an' cannie,
An' unco sonsie.

That day, ye pranc'd wi' muckle pride,
When ye bure hame my bonie bride:
An' sweet an' gracefu' she did ride,
Wi' maiden air!
Kyle-Stewart I could bragged wide
For sic a pair.

Tho' now ye dow but hoyte and hobble,
An' wintle like a saumont coble,
That day, ye was a jinker noble,
For heels an' win'!
An' ran them till they a' did wauble,
Far, far behin'!

说来已过了二十九个年头，
自从你离开我的岳丈老头，
他把你算在女儿的嫁妆里头，
　　外加五十大洋。
虽然钱数不多，但你是好马，
　　鞍子也还像样。

当我第一次去看我的珍妮，
你还跟着你妈妈练蹄，
显得机灵又滑稽，
　　但从不捣乱，
而是善良，安静，好脾气，
　　特别好管。

那一天，你跑得格外高兴，
驮着我的新娘来临，
她文雅、大方地把你骑乘，
　　带着少女的娇羞。
我敢说凯尔全乡再也难寻
　　更美的一对朋友。

虽然你如今走路蹒跚，
颠簸像条打鲑鱼的破船，
那一天你可是勇往直前，
　　腿健又加气足。
把别的马都跑得浑身打颤，
　　落后认输！

When thou an' I were young an' skeigh,
An' stable-meals at fairs were dreigh,
How thou wad prance, and snore, an' skreigh
An' tak the road!
Town's-bodies ran, an' stood abeigh,
An' ca't thee mad.

When thou was corn't, an' I was mellow,
We took the road aye like a swallow:
At brooses thou had ne'er a fellow,
For pith an' speed;
But ev'ry tail thou pay't them hollow
Whare'er thou gaed.

The sma', droop-rumpl't, hunter cattle
Might aiblins waur't thee for a brattle;
But sax Scotch mile, thou try't their mettle,
An' gar't them whaizle:
Nae whip nor spur, but just a wattle
O' saugh or hazel.

Thou was a noble fittie-lan',
As e'er in tug or tow was drawn!
Aft thee an' I, in aught hours' gaun,
In guid March-weather,
Hae turn'd sax rood beside our han',
For days thegither.

当年你我一起年轻爱闹，
碰到集市的马食粗糙，
你就要又蹦又叫，
　　撇头向大路猛冲，
镇上人赶紧四散奔逃，
　　骂你发了马疯。

等你吃饱麦粒，我也喝足烧酒，
我们就飞驰大路，跑个顺溜！
婚礼后赛马你没有对手，
　　不论比气力或速度。
别的马都抛在后头，
　　只要你肯起步。

那些屁股小小的猎马，
短程也许能把你比下，
但跟你跑六哩越野，
　　就会气急声嘶。
不用鞭打脚踢，只消一根树枒，
　　你就领会意思。

拉犁你也最肯出力，
四马之中你走在最里，
你和我常在三月天气，
　　连续八个钟头，
一次耕十亩田地，
　　一同把汗流。

Thou never braing't, an' fetch't, an' fliskit;
But thy auld tail thou wad hae whiskit,
An' spread abreed thy weel-fill'd brisket,
Wi' pith an' power;
Till sprittie knowes wad rair't an' riskit
An' slypet owre.

When frosts lay lang, an' snaws were deep,
An' threaten'd labour back to keep,
I gied thy cog a wee bit heap
Aboon the timmer:
I ken'd my Maggie wad na sleep,
For that, or simmer.

In cart or car thou never reestit;
The steyest brae thou wad hae fac't it;
Thou never lap, an' sten't, and breastit,
Then stood to blaw;
But just thy step a wee thing hastit,
Thou snoov't awa.

My pleugh is now thy bairn-time a',
Four gallant brutes as e'er did draw;
Forbye sax mae I've sell't awa,
That thou hast nurst:
They drew me thretteen pund an' twa,
The vera warst.

你从不摇晃、猛刹或乱挣，
只把尾巴一甩动，
丰满的胸部向前挺，
　　使出全身力气，
就将小土包一下犁松，
　　翻过来只见湿泥。

当冰霜连天，雪积道阻，
气候要把种地人困住，
我往你槽里多添麦子一束，
　　把盆盛得满满，
我知道麦琪吃了不会睡糊涂，
　　老等天气变暖。

你拉车也是好样，
最陡的山坡也敢上；
从不前跳后仰，
　　停下又吐粗气；
只把脚步稍稍放长，
　　车子就跑得顺利。

现在拉犁的都是你的儿郎，
四匹大马仪表堂堂，
另有六匹母马送上市场，
　　都是你所养抚，
它们卖了三十二块银洋，
　　还算把它们低估。

Mony a sair daurk we twa hae wrought,
An' wi' the weary warl' fought!
An' mony an anxious day, I thought
We wad be beat!
Yet here to crazy age we're brought,
Wi' something yet.

An' think na', my auld trusty servan',
That now perhaps thou's less deservin,
An' thy auld days may end in starvin;
For my last fow,
A heapit stimpart, I'll reserve ane
Laid by for you.

We've worn to crazy years thegither;
We'll toyte about wi' ane anither;
Wi' tentie care I'll flit thy tether
To some hain'd rig,
Whare ye may nobly rax your leather,
Wi' sma' fatigue.

多少次我俩同干苦活，
跟那疲惫的世界争夺！
多少个日子里我感到焦灼，
　　怕我们倒地不起；
没想到几十个春秋度过，
　　还能干它一气！

忠实的伙伴，你不要以为
如今老了就啥也不配，
说不定还有饿死之悲，
　　我保证直到最后，
存着满满的一斗麦穗，
　　供你享受。

我俩一起熬过了苦年头，
现在又一起摇晃着走，
我一定小心拉着你的绳扣，
　　去到一块好地，
让你在那里吃个足够，
　　而且不用费力。

Epics 叙事诗

The Twa Dogs

A Tale

'Twas in that place o' Scotland's isle,
That bears the name o' auld King Coil,
Upon a bonie day in June,
When wearin' thro' the afternoon,
Twa dogs, that were na thrang at hame,
Forgather'd ance upon a time.

The first I'll name, they ca'd him Caesar,
Was keepit for His Honor's pleasure:
His hair, his size, his mouth, his lugs,
Shew'd he was nane o' Scotland's dogs;
But whalpit some place far abroad,
Whare sailors gang to fish for cod.

His lockèd, letter'd, braw brass collar
Shew'd him the gentleman an' scholar;
But though he was o' high degree,
The fient a pride, nae pride had he;
But wad hae spent an hour caressin,
Ev'n wi' al tinkler-gipsy's messin:
At kirk or market, mill or smiddie,
Nae tawted tyke, tho' e'er sae duddie,
But he wad stan't, as glad to see him,
An' stroan't on stanes an' hillocks wi' him.

两只狗

一个故事

故事发生在苏格兰的一个岛上，
名叫古老王城的地方，
在一个晴朗的六月天，
下午沉闷得昏昏欲眠，
两条狗在家闷得发慌，
就出门会合，一同游荡。

第一条狗名叫凯撒大有来头，
他是老爷太太心疼的爱狗，
一看他的毛发、身材、耳朵、嘴巴，
就知道苏格兰不是他的老家，
他来自海外的遥远地方，
水手们去打鱼把他看上。

他颈上挂有铜圈刻着金字，
表明他是狗中的学者和绅士，
但是他虽门第甚高，
魔鬼也会因此得意，他可毫不自傲，
常常同穷人的杂种狗厮混，
花上大半天追逐、舐吻，
不论在市场、磨房、铁铺或教堂，
不论对方是怎样癞皮卷毛又肮脏，
他都一见就心花怒放，
结了伴随地撒尿，处处闲逛。

The tither was a ploughman's collie—
A rhyming, ranting, raving billie,
Wha for his friend an' comrade had him,
And in freak had Luath ca'd him,
After some dog in Highland Sang,
Was made lang syne, —Lord knows how lang.

He was a gash an' faithfu' tyke,
As ever lap a sheugh or dyke.
His honest, sonsie, baws'nt face
Aye gat him friends in ilka place;
His breast was white, his touzie back
Weel clad wi' coat o' glossy black;
His gawsie tail, wi' upward curl,
Hung owre his hurdie's wi' a swirl.

Nae doubt but they were fain o' ither,
And unco pack an' thick thegither,
Wi' social nose whiles snuff'd an' snowkit;
Whiles mice an' moudieworts they howkit;
Whiles scour'd awa' in lang excursion,
An' worry'd ither in diversion;
Until wi' daffin' weary grown
Upon a knowe they set them down.
An' there began a lang digression.
About the "lords o' the creation."

Caesar

I've aften wonder'd, honest Luath,
What sort o' life poor dogs like you have;

另一条是庄稼汉的看家狗，
庄稼汉爱胡说八道，爱吟诗饮酒，
他把这条狗看成朋友和伙伴，
把狗取名乐斯是为了一时喜欢，
他记得高原古歌里有狗也叫此名，
那歌儿年代多久，上帝也难弄清。

乐斯是一条聪明忠心的好狗，
跳墙越沟，本领难求！
他的白毛脸显得又快活又诚实，
到处都赢得无数新的相识；
他胸前雪白，背上一层厚毛，
乌黑发亮，好一件漂亮长袍！
还有那尾巴摇得高兴，
翘起来，弯一下，真是带劲。

不消说这两条狗是相好的知己，
见了面亲亲密密，谈得投机，
先用鼻子交际一番，彼此闻了又吻，
再来相帮挖地，逼得老鼠逃遁，
接着在山上大跑一气，
一路上打闹逗乐，笑笑嘻嘻，
最后种种的花样都已玩腻，
两狗才夹了尾巴屁股着地，
坐下来闲话家常，
谈一谈“创世主的得意儿郎”。

凯　撒

诚实的乐斯，我常常想问
你们穷家狗怎样把日子来混；

An' when the gentry's life I saw,
What way poor bodies liv'd ava.

Our laird gets in his rackèd rents,
His coals, his kane, an' a' his stents:
He rises when he likes himsel';
His flunkies answer at the bell;
He ca's his coach; he ca's his horse;
He draws a bonie silken purse,
As lang's my tail, where, thro' the steeks,
The yellow letter'd Geordie keeks.

Frae morn to e'en, it's nought but toiling
At baking, roasting, frying, boiling;
An' tho' the gentry first are stechin,
Yet ev'n the ha' folk fill their pechan
Wi' sauce, ragouts, an' sic like trashtrie,
That's little short o' downright wastrie.
Our whipper-in, wee, blasted wonner,
Poor, worthless elf, it eats a dinner,
Better than ony tenant-man
His Honor has in a' the lan':
An' what poor cot-folk pit their painch in,
I own it's past my comprehension.

Luath

Trowth, Caesar, whiles they're fash't eneugh:
A cottar howkin in a sheugh,

绅士们的生活我倒清楚，
就不知穷哥们怎样把岁月来度。

我们老爷逼来血泪斑斑的租金，
还有煤、粮和其它种种钱货收进。
日上三竿才起身，铃儿一响群奴应，
他叫一声来了车，努努嘴来了马，
他又拿出一个真丝的钱袋，
这钱袋长如我尾，口上半开，
里面拥挤着的东西探头探脑——
原来是黄澄澄带花纹的财宝。

从早到晚，厨房里辛辛苦苦：
烤的烤、炒的炒、煎的煎、煮的煮，
都只为绅士们的口腹之好；
接着仆人们也来把肚子塞饱，
装下了肉汤、菜羹和小吃种种，
真是浪费得叫人心痛。
管打猎的听差是个最无用的小东西，
吃起饭来可十分神气，
一顿夜餐所花的钱，
佃户家要过多少天！
穷哥们究竟拿什么来填肚，
我可完全没法儿猜度。

乐 斯

凯撒，他们的情形真是困难，
有时候泡在水里去挖河岸，

Wi' dirty stanes biggin a dyke,
Baring a quarry, an' sic like;
Himsel', a wife, he thus sustains,
A smytrie o' wee duddie weans,
An' nought but his han'-daurk, to keep
Them right an' tight in thack an' rape.

An' when they meet wi' sair disasters,
Like loss o' health or want o' masters,
Ye maist wad think, a wee touch langer,
An' they maun starve o' cauld an' hunger:
But how it comes, I never kent yet,
They're maistly wonderfu' contented;
An' buirdly chiels, an' clever hizzies,
Are bred in sic a way as this is.

Caesar

But then to see how ye're negleckit,
How huff'd, an' cuff'd, an' disrespeckit!
L—d man, our gentry care as little
For delvers, ditchers, an' sic cattle;
They gang as saucy by poor folk,
As I wad by a stinkin brock.

I've notic'd, on our laird's court-day,—
An' mony a time my heart's been wae,—
Poor tenant bodies, scant o' cash,
How they maun thole a factor's snash;
He'll stamp an' threaten, curse an' swear

有时候浑身臭泥去修长堤，
或者搬运石块，弄得力尽筋疲——
就这样养活他自己和他老婆，
还有大小儿女一大窝，
一切全仗他一双大手，
好容易使全家踏踏实实，穿暖吃够。

一等他们遇到重大的不幸，
给人退了佃或者生场病，
那光景的凄惨可以预料，
一拖久就要又冻又饿，死路一条！
但是我却不懂是怎么一回事，
他们大多是欢欢喜喜的一家子，
虽然生活是这样的艰苦，
可养出了结实的小子和伶俐的闺女。

凯　撒

可是瞧一下你们怎样受人白眼，
怎样给人又打又骂，有苦难言！
天呀，老爷们才不关心
这些掘土挖沟的畜生，
遇着了啐一口抬头走过，
就像我碰着路旁的蜗牛、田螺。

每逢我们老爷坐堂收租，
我把可怜的佃户们看个清楚
（但每次看了都叫我悲伤）。
他们身无分文，却逃不过我们的账房，
他顿脚，他威胁，他臭骂，

He'll apprehend them, poind their gear;
While they maun stan', wi' aspect humble,
An' hear it a', an' fear an' tremble!

I see how folk live that hae riches;
But surely poor-folk maun be wretches!

Luath

They're no sae wretched's ane wad think.
Tho' constantly on poortith's brink,
They're sae accustom'd wi' the sight,
The view o't gives them little fright.

Then chance and fortune are sae guided,
They're aye in less or mair provided:
An' tho' fatigued wi' close employment,
A blink o' rest's a sweet enjoyment.

The dearest comfort o' their lives,
Their grushie weans an' faithfu' wives;
The prattling things are just their pride,
That sweetens a' their fire-side.

An' whiles twalpennie worth o' nappy
Can mak the bodies unco happy:
They lay aside their private cares,
To mind the Kirk and State affairs;
They'll talk o' patronage an' priests,
Wi' kindling fury i' their breasts,

抓了人，还要将他们的衣服剥下。
佃户们低头站着，恭恭敬敬，
还得忍耐听完，胆战心惊！

阔人们日子过得真舒泰，
穷人们活得比鬼还要坏！

乐　斯

他们虽然活在穷困的边上，
却不像人们所想的懊丧；
穷困的景象他们已经见惯，
来了并不叫他们悲叹。

时运和机缘总会转换，
他们好坏也有吃有穿，
虽然长久的劳作使他们疲惫，
甜美的是偷闲小睡。

他们把一生中最大的安慰
寄托于忠实的妻子和成长的儿辈。
最大的骄傲是学话的儿童，
他们的笑声使炉火也格外欢腾。

只消两个铜子的烧酒，
穷人们就喝得快乐无忧。
他们放下了私人的事情，
来把教会和国家的大政关心。
一谈到牧师的行为和贵人的恩宠，
他们的怒火就立时上冲；

Or tell what new taxation's comin,
An' ferlie at the folk in Lon'on.

As bleak-fac'd Hallowmass returns,
They get the jovial, rantin kirns,
When rural life, of ev'ry station,
Unite in common recreation;
Love blinks, Wit slaps, an' social Mirth
Forgets there's Care upo' the earth.

That merry day the year begins,
They bar the door on frosty win's;
The nappy reeks wi' mantling ream,
An' sheds a heart-inspiring steam;
The luntin pipe, an' sneeshin mill,
Are handed round wi' right guid will;
The cantie auld folks crackin crouse,
The young anes rantin thro' the house—
My heart has been sae fain to see them,
That I for joy hae barkit wi' them.

Still it's owre true that ye hae said,
Sic game is now owre aften play'd;
There's mony a creditable stock
O' decent, honest, fawsont folk,
Are riven out baith root an' branch,
Some rascal's pridefu' greed to quench,
Wha thinks to knit himsel the faster
In favour wi' some gentle master,

或者互相传告着快有哪种新税，
猜不透伦敦的大老们又捣什么鬼。

冰冷脸孔的万圣节一来到，
他们就欢庆丰收十分热闹。
农村的居民不论贫富长幼，
都聚在一起，玩乐嬉游。
爱神频送秋波，才子口若悬河，
忘了世上还有忧愁和灾祸。

等到新春快乐元旦到，
他们就顶着冷风把门窗关好。
烧酒掺奶热腾腾，
温暖了所有的良朋；
瓶装的鼻烟和喷香的烟斗，
殷勤相敬手递手。
青年人走着放言高论，
老年人坐着清谈浅斟，
这欢乐的光景叫我也情不自禁，
高吠了几声表示我的欢欣。

不过你的话更有道理，
有些人就是爱玩鬼把戏。
许多诚实可靠的老好人
忽然一旦倒了运，
连根带叶给拔走，
都只因某个骄横的狗头，
为了满足他的贪心，
想同地主拉得更紧。

Wha, aiblins, thrang a parliamentin,
For Britain's guid his saul indentin—

Caesar

Haith, lad, ye little ken about it:
For Britain's guid! guid faith! I doubt it.
Say rather, gaun as Premiers lead him:
An' saying ay or no's they bid him:
At operas an' plays parading,
Mortgaging, gambling, masquerading:
Or maybe, in a frolic daft,
To Hague or Calais takes a waft,
To mak a tour an' tak a whirl,
To learn *bon ton*, an' see the worl'.

There, at Vienna, or Versailles,
He rives his father's auld entails;
Or by Madrid he takes the rout,
To thrum guitars an' fecht wi' nowt;
Or down Italian vista startles,
Wh-re-hunting amang groves o' myrtles:
Then bowses drumlie German-water,
To mak himsel look fair an' fatter,
An' clear the consequential sorrows,
Love-gifts of Carnival signoras.

For Britain's guid! for her destruction!
Wi' dissipation, feud, an' faction.

那地主也许正忙于当议员去京城，
为了不列颠的利益出卖了灵魂。

凯　撒

不，不，朋友，你哪知底细！
为了不列颠的利益！这话我可怀疑！
不如说，让首相们牵着鼻子走，
赞成或反对，都只凭别人提个头；
歌剧院里露个脸，装个样，
吃喝嫖赌，押了地皮还卖家当，
说不定一时兴起装风雅，
飘然而去加莱与海牙，
游历一转，胡闹一番，
学习一点新鲜，见识一下世面。

到了维也纳和凡尔赛，
把他老爹的心肝肚肺都出卖，
然后扬长而去马德里，
弹了吉他又成斗牛迷，
接着奔向意大利，
石榴花下大嫖妓，
最后出现在德国混浊的温泉，
要将自己泡成个小白脸，
也治一身花柳病，
威尼斯美女送的好人情。

为了不列颠的利益！不如说为了不列颠的灭亡！
由于派别之争，家族之仇，声色犬马之荒唐！

Luath

Hech, man! dear sirs! is that the gate
They waste sae mony a braw estate!
Are we sae foughten an' harass'd
For gear to gang that gate at last?

O would they stay aback frae courts,
An' please themsels wi' country sports,
It wad for ev'ry ane be better,
The laird, the tenant, an' the cotter!
For thae frank, rantin, ramblin billies,
Feint haet o' them's ill-hearted fellows;
Except for breakin o' their timmer,
Or speakin lightly o' their limmer,
Or shootin of a hare or moor-cock,
The ne'er-a-bit they're ill to poor folk.

But will ye tell me, Master Caesar:
Sure great folk's life's a life o' pleasure?
Nae cauld nor hunger e'er can steer them,
The very thought o't need na fear them.

Caesar

L—d, man, were ye but whiles whare I am,
The gentles, ye wad ne'er envy them!

It's true, they need na starve or sweat,
Thro' winter's cauld, or simmer's heat:
They've nae sair wark to craze their banes,
An' fill auld age wi' grips an' granes:

乐　斯

啊呀，老兄，亲爱的老爷们，
原来偌大的家业就是这样断送！
难道我们辛辛苦苦，摸黑起早，
挣来的钱就只让他们白白花掉？

呵，盼只盼他们能离开京城，
安居在乡下拿打猎跳舞来排遣闲情，
这样会对每个人都有好处，
不论是大地主、小佃户或者穷老粗。
再说老爷们虽然乱闯乱嚷，百无禁忌，
他们可谁也不真是心怀恶意，
只不过有时破坏一点树林，
有时骂几句他们的夫人，
有时开枪打死几只野兔和山禽，
但是对穷人并无半点不良之心。

凯撒少爷，你能否告诉我，
有权有势的人怎样快活地把日子消磨？
他们一不怕饿、二不怕冻，
任何恐惧也不在他们眼中。

凯　撒

天哪，只要老兄到我处住几天，
你就不会对绅士们还有半点艳羡。

不错，他们不会挨饿，不必流汗，
不怕夏天的闷热，冬天的酷寒；
不用损筋伤骨去干苦活，
到头来弄得满身病痛，天天吃药。

But human bodies are sic fools,
For a' their colleges an' schools,
That when nae real ills perplex them,
They mak enow themsel's to vex them;
An' aye the less they hae to sturt them,
In like proportion, less will hurt them.

A country fellow at the pleugh,
His acre's till'd, he's right eneugh;
A country girl at her wheel,
Her dizzen's dune, she's unco weel;
But gentlemen, an' ladies warst,
Wi' ev'n-down want o' wark are curst.
They loiter, lounging, lank an' lazy;
Tho' deil-haet ails them, yet uneasy;
Their days insipid, dull, an' tasteless;
Their nights unquiet, lang, an' restless.

An' ev'n their sports, their balls an' races,
Their galloping through public places,
There's sic parade, sic pomp, an' art,
The joy can scarcely reach the heart.

The men cast out in party-matches,
Then sowther a' in deep debauches.
Ae night they're mad wi' drink an' wh-ring,
Niest day their life is past enduring.

但是人类虽有大学、中学一大把，
实际都是可笑的大傻瓜。
一看没有真正的忧愁，
就为烦恼自己硬找理由，
其实如果不自寻烦恼，
烦恼也就一天天减少。

一个种地的庄稼汉
种完了一亩地也就理得心安；
一个织布的乡下姑娘
织完了一丈布也就睡得甜香。
可怜的是那些老爷太太，
闲着无事反而万般无奈，
游来荡去，打了呵欠又伸懒腰，
毛病一点没有，心情实在糟糕，
白天索然寡味，晚上没精打采，
躺在床上不断地翻转去又滚过来。

他们纵然打猎、赛马和跳舞，
在众人面前驰马上大路，
别看那热闹、神气和打扮，
他们的心里可没有半点喜欢。

男人们分成狐群狗党，
对骂了一通又同灌黄汤。
到晚上他们狂饮再加乱嫖，
第二天生趣毫无，只想上吊！

The ladies arm-in-arm in clusters,
As great an' gracious a' as sisters;
But hear their absent thoughts o' ither,
They're a' run-deils an' jads thegither.
Whiles, owre the wee bit cup an' platie,
They sip the scandal-potion pretty;
Or lee-lang nights, wi' crabbit leuks
Pore owre the devil's pictur'd beuks;
Stake on a chance a farmer's stackyard,
An' cheat like ony unhanged blackguard.

There's some exceptions, man an' woman;
But this is gentry's life in common.

By this, the sun was out of sight,
An' darker gloamin brought the night;
The bum-clock humm'd wi' lazy drone;
The kye stood rowtin i' the loan;
When up they gat an' shook their lugs,
Rejoic'd they werena men but dogs;
An' each took aff his several way,
Resolv'd to meet some ither day.

太太们手牵手成群结队，
既亲热，又温文，称姐道妹，
可是听她们彼此在背后刻薄，
就知男盗女娼真是一丘之貉！
到下午她们把精美的点心来吃，
手捧小小的茶杯，笑话别人的隐私；
到了漫长的夜晚她们又紧皱眉头，
专心一意把纸牌来斗，
押下宝去，输掉了农民的整座谷仓，
偷起牌来，活是个无法无天的流氓。

老弟，当然也有个别的例外，
但总的说来，这就是所谓的老爷太太。

话到这里太阳已经西沉
夜晚带来了幢幢黑影，
甲虫懒洋洋地拖长叫声，
耕牛立在田野里低头沉吟。
这时两只狗起身摇摇耳朵，
他们庆幸是狗而非人，
就这样珍重道别分了手，
相约几天后再来碰头。

The Cotter's Saturday Night

Inscribed to R. Aiken, Esq.,

"Let not Ambition mock their useful toil,
  Their homely joys, and destiny obscure;
Nor Grandeur hear, with a disdainful smile,
  The short and simple annals of the Poor."

GRAY.

1

My lov'd, my honour'd, much respected friend!
  No mercenary bard his homage pays;
With honest pride, I scorn each selfish end,
  My dearest meed, a friend's esteem and praise:
  To you I sing, in simple Scottish lays,
The lowly train in life's sequester'd scene,
  The native feelings strong, the guileless ways,
What Aiken in a cottage would have been;
Ah! tho' his worth unknown, far happier there I ween!

2

November chill blaws loud wi' angry sugh;
  The short'ning winter-day is near a close;
The miry beasts retreating frae the pleugh;
  The black'ning trains o' craws to their repose:

佃农的星期六晚

——献给R. 艾肯先生

雄心休笑他们有益的劳动，
　土气的欢乐，卑微的身世；
伟人也无须带着冷嘲
　来听穷人们的短短家史。
——格雷[①]

1

我的亲爱的、尊敬的朋友，
　这不是诗人为求赏而捧场，
自尊使我鄙视自私的追求，
　我只望能得好友的重视和夸奖。
为你我吟唱简单的苏格兰诗句，
　表一表乡下人家的情景：
强烈的乡土爱，无邪的风俗图；
　艾肯呀，你如生在茅屋也难免这等处境，
天才会埋没，却远比现在开心！

2

十一月冷风猛吹，声如呜咽，
　冬天的短促日子已近尾梢。
满身泥水的牲口卸了大犁，
　几行乌鸦在飞向老巢，

① 引自18世纪后半叶英国名诗人汤玛斯·格雷的名诗《墓园挽歌》(1750)。

The toil-worn Cotter frae his labour goes,—
This night his weekly moil is at an end,
Collects his spades, his mattocks, and his hoes,
Hoping the morn in ease and rest to spend,
And weary, o'er the moor, his course does hameward bend.

3

At length his lonely cot appears in view,
Beneath the shelter of an aged tree;
Th' expectant wee-things, toddlin, stacher through
To meet their dead, wi' flichterin noise and glee.
His wee bit ingle, blinkin bonilie,
His clean hearth-stane, his thrifty wifie's smile,
His lisping infant, prattling on his knee,
Does a' his weary kiaugh and care beguile,
And makes him quite forget his labour and his toil.

4

Belyve, the elder bairns come drapping in,
At service out, amang the farmers roun';
Some ca' the pleugh, some herd, some tentie rin
A cannie errand to a neibor town:
Their eldest hope, their Jenny, woman-grown,
In youthfu' bloom—love sparkling in her e'e—
Comes hame, perhaps to shew a braw new gown,
Or deposite her sair-won penny-fee,
To help her parents dear, if they in hardship be.

困乏了的佃农也停止干活，
　　一周的劳动今晚告终，
他收拾好铁锹和大小锄头，
　　盼望明天能够休息放松，
拖着两腿通过野地，向家园移动。

3

他终于看见了那座孤立的茅屋，
　　在一棵老树的荫庇之下，
久等的孩子们争着来接，
　　对着爹爹又跳又叫，
壁炉虽小而火旺，炉前石板闪亮光，
　　勤俭的妻子笑脸相迎，
学话的小儿子爬到了他身上，
　　这时候他已毫无忧心，
忘了一整天的劳动和苦辛。

4

接着大孩子们也回了家，
　　他们在附近农庄帮工，
一个驾犁，一个看羊，一个打杂，
　　专跑小镇听使用，
大女儿珍尼已经长成俊姑娘，
　　青春娇艳，明眸闪着爱怜，
回家来把新买的裙子给父母瞧，
　　或者递上她辛苦挣来的工钱，
帮助困难的一家人度过穷年。

5

With joy unfeign'd, brothers and sisters meet,
   And each for other's weelfare kindly speirs:
The social hours, swift-wing'd, unnotic'd fleet:
   Each tells the uncos that he sees or hears.
   The parents, partial, eye their hopeful years;
Anticipation forward points the view;
   The mother, wi' her needle and her shears,
Gars auld claes look amaist as weel's the new;
The father mixes a' wi' admonition due.

6

Their master's and their mistress' command,
   The younkers a' are warned to obey;
And mind their labours wi' an eydent hand,
   And ne'er, tho' out o' sight, to jauk or play;
   "And O! be sure to fear the Lord alway,
And mind your duty, duly, morn and night;
   Lest in temptation's path ye gang astray,
Implore His counsel and assisting might:
They never sought in vain that sought the Lord aright."

7

But hark! a rap comes gently to the door;
   Jenny, wha kens the meaning o' the same,
Tells how a neibor lad came o'er the moor,
   To do some errands, and convoy her hame.
   The wily mother sees the conscious flame
Sparkle in Jenny's e'e, and flush her cheek;

5

兄弟姐妹高高兴兴地团圆，
　　彼此问候近来的情形，
欢聚的时光不知不觉地飞逝，
　　各谈四处的奇怪见闻。
钟爱的父母看着儿女充满希望，
　　想想日后大有奔头，
妈妈手拿针线和剪刀，
　　把旧衣更新，细心整修，
爹爹不时插话，提出劝告和要求。

6

劝他们一定要听话，
　　将男女主人的吩咐全办到，
一定要勤快地干本身的活，
　　切不可嬉笑游戏，即使无人知道，
"还有，啊，一定要敬上帝，
　　早晚礼拜各一趟，
为了不至受诱惑而入歧途，
　　务求上帝的指引和相帮，
只要虔诚，上帝决不会不厚赏。"

7

听，有人轻轻在敲门，
　　珍尼闻声早知情，
就说来者是邻居的小伙子，
　　野地相遇，顺道把她送家门，
留心的妈妈看出了女儿眼闪光，
　　两颊泛红把头低。

With heart-struck anxious care, enquires his name,
While Jenny hafflins is afraid to speak;
Weel-pleased the mother hears, it's nae wild, worthless rake.

8

Wi' kindly welcome, Jenny brings him ben;
A strappin youth, he takes the mother's eye;
Blythe Jenny sees the visit's no ill ta'en;
The father cracks of horses, pleughs, and kye.
The youngster's artless heart o'erflows wi' joy,
But blate an' laithfu', scarce can weel behave;
The mother, wi' a woman's wiles, can spy
What makes the youth sae bashfu' and sae grave,
Weel-pleas'd to think her bairn's respected like the lave.

9

O happy love! where love like this is found:
O heart-felt raptures! bliss beyond compare!
I've pacèd much this weary, mortal round,
And sage experience bids me this declare,—
"If Heaven a draught of heavenly pleasure spare—
One cordial in this melancholy vale,
'Tis when a youthful, loving, modest pair
In other's arms, breathe out the tender tale,
Beneath the milk-white thorn that scents the evening gale."

她小心翼翼地把他的名字问，
　　珍尼好歹说出，怕个半死，
妈妈安心了，幸喜此人不是浪子。

8

珍尼叫声欢迎把门开，
　　进来的高大青年吸住了母亲眼睛，
女儿也开心，知道他此来没闯祸，
　　父亲谈起了马、犁、牲口种种，
小伙子也按捺不住心头欢喜，
　　只因害臊，手脚不知摆哪里，
母亲可心里有数，看得明白
　　他为什么又腼腆来又讲礼，
原来是她的闺女也有人家瞧得起。

9

美哉爱情！如此挚爱何处寻？
　　美哉幸福！几曾见这真正的狂欢！
我跋涉人生道上已多年，
　　饱经风霜，愿为诸君进一言：
"如果上帝有心让我们当神仙，
　　在人世的苦海里喝杯天上酒，
就让他叫一对老实诚挚的年轻人
　　彼此紧抱，互诉衷情意悠悠，
当晚风吹拂，在那雪白的梨树下头！"

10

Is there, in human form, that bears a heart,
  A wretch! a villain! lost to love and truth!
That can, with studied, sly, ensnaring art,
  Betray sweet Jenny's unsuspecting youth?
  Curse on his perjur'd arts! dissembling smooth!
Are honour, virtue, conscience, all exil'd?
  Is there no pity, no relenting ruth,
Points to the parents fondling o'er their child?
Then paints the ruin'd maid, and their distraction wild?

11

But now the supper crowns their simple board,
  The halesome parritch, chief of Scotia's food;
The sowp their only hawkie does afford,
  That, 'yont the hallan snugly chows her cood:
  The dame brings forth, in complimental mood,
To grace the lad, her weel-hain'd kebbuck, fell;
  And aft he's prest, and aft he ca's it guid:
The frugal wifie, garrulous, will tell
How t'was a towmond auld, sin' lint was i' the bell.

12

The chearfu' supper done, wi' serious face,
  They, round the ingle, form a circle wide;
The sire turns o'er, with patriarchal grace,
  The big ha'-bible, ance his father's pride:
  His bonnet rev'rently is laid aside,
His lyart haffets wearing thin and bare;

10

有无披人皮的坏东西——
　歹徒！恶棍！弃绝于爱情和真理，
居然敢处心积虑，用狡猾的圈套，
　趁不防糟蹋天真的珍尼！
该死的鬼蜮伎俩！欺骗勾当！
　难道廉耻、道德、良心全已失踪，
没有怜悯，没有仁慈，没有想到
　父母把心爱的女儿看如命根？
难道就忍心看姑娘失身，双亲急疯！

11

好了，现在简单的晚饭搬上了桌子，
　苏格兰的主食，那滋养的麦粥，
唯一的自养母牛供献了牛奶，
　它就在板壁后面舒服地反刍；
主妇为了欢迎小伙子，表示庆贺，
　特别拿出了她久藏的乳酪，
一再切给客人，客人也一再夸奖，
　赢得主妇也话语滔滔，
说这酪跟亚麻同发，放了一年才尝！

12

愉快的晚餐完毕，他们严肃起来，
　围着壁炉一圈坐定。
父亲用家长的庄重姿势，翻开
　祖父珍爱的传代圣经，
然后恭敬地脱下帽子，
　露出了白发越来越稀，

Those strains that once did sweet in Zion glide,
He wales a portion with judicious care;
And "Let us worship God!" he says with solemn air.

13

They chant their artless notes in simple guise,
They tune their hearts, by far the noblest aim;
Perhaps Dundee's wild-warbling measures rise;
Or plaintive Martyrs, worthy of the name;
Or noble Elgin beets the heaven-ward flame;
The sweetest far of Scotia's holy lays:
Compar'd with these, Italian trills are tame;
The tickl'd ears no heart-felt raptures raise;
Nae unison hae they with our Creator's praise.

14

The priest-like father reads the sacred page,
How Abram was the friend of God on high;
Or Moses bade eternal warfare wage
With Amalek's ungracious progeny;
Or how the royal bard did groaning lie
Beneath the stroke of Heaven's avenging ire;

① 这一节表明苏格兰人信教虔诚，因此唱圣歌也因有真感情而慷慨激昂。
② 邓第，苏格兰地名。
③ 艾尔金，苏格兰古地名，今改茂利。
④ 此节典故都出自《圣经·旧约》，父亲常择其一朗读给全家听。
⑤ 亚伯拉罕，犹太人始祖，犹太教创始人。事迹见《创世纪》。“上帝之友”指他接近上帝，奉行其意旨。

他从那些曾经响彻天堂的圣曲里
　小心挑了一段歌词，
郑重宣布："让我们向上帝敬礼！"

13[①]

他们唱起简单的歌词，
　可贵的是声音出自内心，
也许响起了邓第的慷慨悲歌，[②]
　也许震鸣着殉道的舍身精神，
也许艾尔金的冲天激情[③]
　谱写了苏格兰的圣曲高昂，
比起来意大利的颤音显得低沉，
　耳朵虽受用，却无心灵的向往，
尽管颂上帝，但缺少融洽的热望。

14[④]

父亲权充牧师，读出了圣经的一章，
　关于亚伯拉罕是上帝之友的道理；[⑤]
或者摩西号召永恒的战争，[⑥]
　对付亚玛力的野蛮后裔；[⑦]
或者爱做诗的国王躺地呻吟，[⑧]
　由于受到上天的愤怒惩罚；

⑥ 摩西，远古时犹太人领袖，传说他率领他们脱离埃及人的奴役。事见《创世记》。
⑦ 亚玛力，远古时犹太人的敌人。《出埃及记》第17章有云："又说，耶和华已经起了誓，必世世代代和亚玛力人争战。"
⑧ 爱做诗的国王，出处待查。

Or Job's pathetic plaint, and wailing cry;
Or rapt Isaiah's wild, seraphic fire;
Or other holy seers that tune the sacred lyre.

15

Perhaps the Christian volume is the theme,
How guiltless blood for guilty man was shed;
How He, who bore in Heaven the second name,
Had not on earth whereon to lay His head:
How His first followers and servants sped;
The precepts sage they wrote to many a land:
How he, who lone in Patmos banished,
Saw in the sun a mighty angel stand,
And heard great Bab'lon's doom pronounc'd by Heaven's command.

16

Then, kneeling down to Heaven's Eternal King,
The saint, the father, and the husband prays:
Hope "springs exulting on triumphant wing," *

* Pope's "Windsor Forest."

① 约伯，古犹太人族长，遭受各种灾难，虽然不免“埋怨和呼号”，但不变其信上帝之诚，事迹见《约伯书》。

② 以赛亚，古犹太人先知，事迹见《以赛亚书》。他痛恨世间恶人邪行，因此常作“火辣辣的怒骂”。

③ 此节典故都是《新约》中有关耶稣及其门徒言行的故事，也是父亲向全家讲道的内容。

④ 无辜者，指耶稣。

⑤ 天上第二位的圣子，仍指耶稣。

⑥ 耶稣死后，他的十二门徒到处传他的教。

⑦ 拔摩，希腊一岛名。被放逐到拔摩的先知，指圣徒约翰。

或者约伯的埋怨和呼号，[①]
　　或者以赛亚火辣辣的怒骂，[②]
还有别的先知借神圣的竖琴发话。

15[③]

也可能讲的是基督教的教义，
　　如何无辜者替罪孽人流了血，[④]
如何那天上第二位的圣子[⑤]
　　在世上无一处可以放头安睡；
如何他的圣徒到处流浪，
　　把他的圣教传播八方；[⑥]
如何一位放逐到拔摩的先知，[⑦]
　　看见太阳里站着大神堂堂，[⑧]
降下了上帝旨意，要巴比伦灭亡。[⑨]

16

接着跪下，面对永恒的天主，
　　圣徒、父亲、丈夫开始了他的祷告：
希望"雀跃而起，如生胜利之翼"，[⑩]

⑧ 太阳里站着大神，事见《启示录》第10章，其文云："我又看见另有一位大力的天使，从天降下，披着云彩，头上有虹，脸面像日头，两脚像火柱，他手里拿着小书卷是展开的，他右脚踏海，左脚踏地，大声呼喊，好像狮子吼叫，呼喊完了，就有七雷发声。"

⑨ 要巴比伦灭亡，事见《启示录》第18章，其文云："以后我看见另有一位有大权柄的天使从天降下，地就因他的荣耀发光。他大声喊着说，巴比伦大城倾倒了，倾倒了，成了鬼魔的住处，和各样污秽之灵的巢穴，并各样污秽可憎之雀鸟的巢穴。"后来巴比伦成为奢侈淫逸的大城市的代表。

⑩ 引自蒲伯《温莎森林》。（作者原注）

That thus they all shall meet in future days,
There, ever bask in uncreated rays,
No more to sigh, or shed the bitter tear,
Together hymning their Creator's praise,
In such society, yet still more dear;
While circling Time moves round in an eternal sphere

17

Compar'd with this, how poor Religion's pride,
In all the pomp of method, and of art;
When men display to congregations wide
Devotion's ev'ry grace, except the heart!
The Power, incens'd, the pageant will desert,
The pompous strain, the sacerdotal stole;
But haply, in some cottage far apart,
May hear, well-pleas'd, the language of the soul;
And in His Book of Life the inmates poor enroll.

18

Then homeward all take off their sev'ral way;
The youngling cottagers retire to rest:
The parent-pair their secret homage pay,
And proffer up to Heaven the warm request,
That He who stills the raven's clam'rous nest,
And decks the lily fair in flow'ry pride,
Would, in the way His wisdom sees the best,
For them and for their little ones provide;
But chiefly, in their hearts with grace divine preside.

但愿一家人今后总能团聚一道，
永远沐浴在上天的阳光里，
不再叹息，不再流痛苦的眼泪，
共同来唱诗歌颂创世主，
互相作伴，彼此更加亲爱，
听凭岁月随着永恒的圆轮翻飞。

17

相形之下，自傲的教会何等渺小！
纵有堂皇的仪式，人工的台阁，
对满堂的信徒装作百般虔诚，
可缺了向道的真心一颗！
神灵拂袖而去，空剩下一场盛典，
几支浮夸的颂歌，若干锦绣的圣衣！
倒是在远离嚣尘的茅屋里，
上帝喜听出自灵魂的言词，
于是把一家穷人列上了超生册子。

18

末了分散走上了回家的路，
农家子弟各自上床去安寝，
剩下父母还把最后的祷告做，
向着上帝热切地表衷情：
既然天力能叫鸟类归林各有栖，
能使百合开花春色娇，
一定也能远张智慧眼，
保他们一家大小都安好，
首先一条；人人心善行天道。

19

From scenes like these, old Scotia's grandeur springs,
That makes her lov'd at home, rever'd abroad:
Princes and lords are but the breath of kings,
"An honest man's the noblest work of God;"
And certes, in fair virtue's heavenly road,
The cottage leaves the palace far behind;
What is a lordling's pomp? a cumbrous load,
Disguising oft the wretch of human kind,
Studied in arts of Hell, in wickedness refin'd!

20

O Scotia! my dear, my native soil!
For whom my warmest wish to Heaven is sent,
Long may thy hardy sons of rustic toil
Be blest with health, and peace, and sweet content!
And O! may Heaven their simple lives prevent
From luxury's contagion, weak and vile!
Then howe'er crowns and coronets be rent,
A virtuous populace may rise the while,
And stand a wall of fire around their much-lov'd isle.

21

O Thou! who pour'd the patriotic tide,
That stream'd thro' Wallace's undaunted heart,
Who dar'd to nobly stem tyrannic pride,
Or nobly die, the second glorious part:

19

这种景况正是苏格兰的伟大所在，
　使她国内有人爱，国外有人敬。
公侯不过仰帝王鼻息，
　“好百姓才是上帝最高贵的成品”；[①]
在登向天国的道德历程中，
　茅屋比宫殿行进得快，
王侯的威势又何用？无非护住了
　鬼蜮般的用心，无忌惮的厉害，
把人中败类的罪恶全遮盖！

20

呵，苏格兰，我亲爱的祖国！
　为你我向上天提出最热烈的愿望，
愿你那勤劳坚毅的土地之子
　永享健康，安定和称心如意的兴旺！
呵，还愿他们保持生活的纯朴，
　不受奢风恶习的玷污！
怕什么王冠被夺，王位被砸，
　只要有良善的人民起来卫护，
就有火的长城把心爱的岛国保住！

21

啊，上帝！是您使爱国的血潮
　奔腾在伟人华莱士痛苦的心坎，
他敢于尊严地顶住暴君的威势，
　又尊严地死，再树光荣的榜样。

① 原诗用引号，未注出处。实则此行见于蒲伯：《人论》，第4札，第248行。

(The patriot's God peculiarly thou art,
His friend, inspirer, guardian, and reward!)
O never, never Scotia's realm desert;
But still the patriot, and the patriot-bard
In bright succession raise, her ornament and guard!

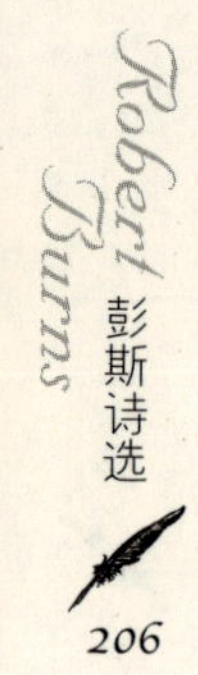

（您是爱国者特有的上帝，他的朋友，
启示者，保护神，犒赏使！）
啊，千万不要把苏格兰的国土遗弃，
永远要培育爱国者战斗和写诗，
代代相传，为她增光，替她效死！

对这首诗意见不一，选集里常包括它，但也有论者认为它有两大毛病：从内容上说，有点美化苏格兰佃农的生活；从语言上说，苏格兰方言的特征不显，倒是颇有一些一般18世纪英语诗的词藻。

但是仔细一读，便知论者太苛。诗人写苏格兰佃农在周末一家子团聚的欢乐情景十分具体、生动，然而生活艰辛的黑影仍然存在，第2节里就已清楚交代，而第10节又插了一段像珍尼那样的姑娘可能遭遇的不幸命运，也说明了对于当时佃农家庭来说，世道是凶险的。至于浓厚的宗教感，也是当时苏格兰社会实有的，在加尔文教派的影响之下，当时苏格兰人对于宗教是十分认真的，有严峻的是非之感。彭斯要表明的则是穷人远比富人虔诚，因此而有17节里的鲜明对比，而且他指出虔诚的穷人才是苏格兰国家的真正的卫护者，是“苏格兰的伟大所在”（第19节第1行），这又正是彭斯常有的思想。诗人所写都有现实根据，诗里的父亲就是他自己父亲的写照。18世纪英语诗的修辞术确有痕迹，如以物代人（第19节里的“茅屋”与“宫殿”代表穷人与统治者），但并无不当；所用的九行体也非苏格兰民间文学的产物，而是16世纪英国诗人斯宾塞所创立的诗体，但彭斯把它运用得很熟练，写人、写景、写场面无不胜任，特别是把苏格兰乡下的风俗习惯写得真实动人。

Tam o' Shanter

A Tale

When chapman billies leave the street,
And drouthy neibors, neibors, meet;
As market days are wearing late,
And folk begin to tak the gate,
While we sit bousing at the nappy,
An' getting fou and unco happy,
We think na on the lang Scots miles,
The mosses, waters, slaps and stiles,
That lie between us and our hame,
Where sits our sulky, sullen dame,
Gathering her brows like a gathering storm,
Nursing her wrath to keep it warm.

This truth fand honest Tam o' Shanter,
As he frae Ayr ae night did canter:
(Auld Ayr, wham ne'er a town surpasses,
For honest men and bonie lasses).

O Tam! had'st thou but been sae wise,
As taen thy ain wife Kate's advice!
She tauld thee weel thou was a skellum,
A blethering, blustering, drunken blellum;
That frae November till October,

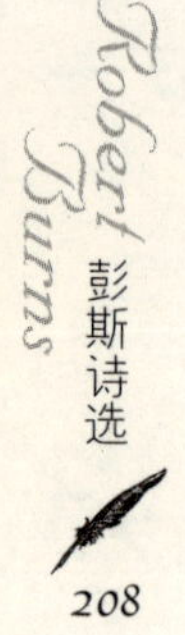

汤姆·奥桑特

一个故事

小贩们收摊离开街道，
贪杯的邻居碰上了同好，
赶集的人渐渐走散，
天色不早，都把路来赶；
这时候，我们捧一杯啤酒，
开怀痛饮，无虑无忧，
忘了苏格兰的里程特别长，
还有沼泽、水塘、山坡、断墙，
隔在酒店和老家之间，
老家门后守着老婆的铁青脸，
阴沉得像暴风雨就要来到，
她暂按心头火，只待发作大开炮！

　　汤姆刚从艾尔镇半夜骑驴上归途，
这事他心里已有数。
（古老的艾尔镇别处哪能比，
出好人、出美女天下第一！）

　　呵，汤姆，如果你聪明一点，
就该听了你老婆凯蒂的金玉良言！
她早说你是二流子不干正经，
只一味贪杯、吹牛、打扰四邻，
从正月到除夕整整一年长，

Ae market-day thou was na sober;
That ilka melder wi' the Miller,
Thou sat as lang as thou had siller;
That ev'ry naig was ca'd a shoe on
The Smith and thee gat roarin' fou on;
That at the L—d's house, ev'n on Sunday,
Thou drank wi' Kirkton Jean till Monday,
She prophesied that late or soon,
Thou wad be found, deep drown'd in Doon,
Or catch'd wi' warlocks in the mirk,
By Alloway's auld, haunted kirk.

Ah, gentle dames! it gars me greet,
To think how mony counsels sweet,
How mony lengthen'd, sage advices,
The husband frae the wife despises!

But to our tale—Ae market night,
Tam had got planted unco right,
Fast by an ingle, bleezing finely,
Wi reaming swats, that drank divinely;
And at his elbow, Souter Johnie,
His ancient, trusty, drouthy crony:
Tam lo'ed him like a very brither;
They had been fou for weeks thegither.
The night drave on wi' sangs an' clatter;
And aye the ale was growing better:
The Landlady and Tam grew gracious,
Wi' favours secret, sweet, and precious:

哪一天你赶集不灌黄汤？
要你送麦去磨面，
你就在磨房里喝光了身上的钱，
要你牵驴去打掌，
你就同铁匠有说有笑大醉火炉旁；
尽管安息日是上帝的规定，
你也同卖酒妇痛饮到天明。
你老婆早就预告，总有一朝，
你会葬身在杜河的滚滚波涛，
要不就在黑夜给鬼魂抓走，
在阿罗微古老阴森的教堂后头！

呵，温存的太太们！真叫我眼泪汪汪，
想起你们苦劝男人不要荒唐，
枕畔无数箴言，何等情重，
你们的丈夫却只当耳边风！

言归正传。一个赶集天的晚上，
汤姆坐在酒店里好生舒畅，
紧靠着壁炉，一杯又一杯，
啤酒的泡沫向上冒，神仙也愿来作陪，
何况下头还坐着鞋匠名约翰，
原是多年相识互相信赖的老酒伴；
汤姆爱他胜弟兄，
两人长日醉醺醺。
这一夜就是这样又说话来又歌唱，
酒味一杯更比一杯香。
汤姆又同那女店主谈得分外投机，
谁知有多少私情、多少甜蜜的默契！

The Souter tauld his queerest stories;
The Landlord's laugh was ready chorus:
The storm without might rair and rustle,
Tam did na mind the storm a whistle.

Care, mad to see a man sae happy,
E'en drown'd himsel amang the nappy.
As bees flee hame wi' lades o' treasure,
The minutes wing'd their way wi' pleasure:
Kings may be blest, but Tam was glorious,
O'er a' the ills o' life victorious!

But pleasures are like poppies spread,
You seize the flow'r, its bloom is shed;
Or like the snow falls in the river,
A moment white—then melts for ever;
Or like the Borealis race,
That flit ere you can point their place;
Or like the Rainbow's lovely form
Evanishing amid the storm.—
Nae man can tether Time or Tide,
The hour approaches Tam maun ride;
That hour, o' night's black arch the key-stane,
That dreary hour he mounts his beast in;
And sic a night he taks the road in,
As ne'er poor sinner was abroad in.

The wind blew as 'twad blawn its last;
The rattling showers rose on the blast;
The speedy gleams the darkness swallow'd;

鞋匠讲的故事一个比一个怪，
酒店老板边听边笑像发呆。
哪管它门外大风在怒号，
门里的人就像不知道！

忧愁之神看见了人们这等快乐，
一着急，就淹死在酒杯的一个角落。
时间的翅膀载着欢乐向前飞，
就像蜜蜂运宝把家回，
帝王虽有福，难比汤姆乐开怀，
他把人生的一切忧患都打败！

但是欢乐犹如那盛开的罂粟花，
枝头刚摘下，艳色即已差；
它又像雪片落河上，
顷刻的晶莹，永恒的消亡；
它又像那北极光，
一纵即逝，不知去何方；
它又像那美丽的霓虹，
在风暴里消失无踪。
时光的流逝谁也拉不住，
眼看汤姆就该动身去上路，
那正是黑暗到顶的二更天，
他万般无奈向驴上颠，
这样的黑夜真少有，
罪犯也不敢把路走。

狂风吹呀吹得要断气，
跟着就是一阵哗啦啦大雨下得急，
黑夜里猛见几道金光闪，

Loud, deep, and lang, the thunder bellow'd:
That night, a child might understand,
The deil had business on his hand.

Weel-mounted on his grey mare, Meg,
A better never lifted leg,
Tam skelpit on thro' dub and mire,
Despising wind, and rain, and fire;
Whiles holding fast his gude blue bonnet,
Whiles crooning o'er some auld Scots sonnet,
Whiles glow'rin round wi' prudent cares,
Lest bogles catch him unawares;
Kirk-Alloway was drawing nigh,
Where ghaists and houlets nightly cry.

By this time he was cross the ford,
Where in the snaw the chapman smoor'd;
And past the birks and meikle stane,
Where drunken Charlie brak's neck-bane;
And thro' the whins, and by the cairn,
Where hunters fand the murder'd bairn;
And near the thorn, aboon the well,
Where Mungo's mither hang'd hersel'.
Before him Doon pours all his floods,
The doubling storm roars thro' the woods,
The lightnings flash from pole to pole,
Near and more near the thunders roll,
When, glimmering tho' the groaning trees,
Kirk-Alloway seem'd in a bleeze,
Thro' ilka bore the beams were glancing,
And loud resounded mirth and dancing.

雷声霹雳人打颤。
那样的夜晚连吃奶孩子也懂事，
他知道魔鬼正在把人吃。

　　汤姆抱住驴背坐得紧，
这驴子叫梅琪，会跑会驮大有名。
汤姆骑着它冲过烂泥和水塘，
风雨雷电都不能将他挡。
他紧扣头上天蓝新呢帽，
口哼古老的苏格兰小调，
一面又四边紧瞧小心听，
单怕有鬼不声不响将他惊：
不料阿罗微教堂已来到，
那里僵尸和枭鸟夜夜在嘶叫。

　　这时汤姆越过了小溪，
这里曾有小贩陷在雪里断了气；
汤姆也冲过桦树底下的大石案，
这里醉鬼查理撞破脑袋死得惨；
汤姆也冲过树丛和土台，
这里猎人曾见婴儿被谋害；
离他不远，还有树旁一口井，
那里蒙戈的老娘吊了颈。
前面杜河里淘涌着滚滚波涛；
后面树林里怒吼着千军万马的风暴；
闪电劈打一棵一棵的大树，
雷声逼近，一步紧似一步——
这时从阴森的树林里忽见一片亮光，
灯火照明了整座阿罗微教堂，
从每个窗洞射出刺眼的光辉，
还有笑声来自快乐的舞会。

Inspiring bold John Barleycorn!
What dangers thou canst make us scorn!
Wi' tippenny, we fear nae evil;
Wi' usquabae, we'll face the devil!
The swats sae ream'd in Tammie's noddle,
Fair play, he car'd na deils a boddle,
But Maggie stood, right sair astonish'd,
Till, by the heel and hand admonish'd,
She ventur'd forward on the light;
And, wow! Tam saw an unco sight!

Warlocks and witches in a dance:
Nae cotillon, brent new frae France,
But hornpipes, jigs, strathspeys, and reels,
Put life and mettle in their heels.
A winnock-bunker in the east,
There sat auld Nick, in shape o' beast;
A towzie tyke, black, grim, and large,
To gie them music was his charge:
He screw'd the pipes and gart them skirl,
Till roof and rafters a' did dirl.—
Coffins stood round, like open presses,
That shaw'd the Dead in their last dresses;
And (by some devilish cantraip sleight)
Each in its cauld hand held a light.
By which heroic Tam was able
To note upon the haly table,
A murderer's banes, in gibbet-airns;

呵，勇敢的麦酒之神！
有你来壮胆，谁能骇我们！
两个铜板买啤酒，喝了什么也不怕；
一杯烧酒落了肚，胆大敢把鬼王拿！
汤姆的脑袋里蒸腾着刚才的美酒，
说实话，他对于鬼怪既不怕来也不愁。
倒是梅琪大吃一惊将步停，
无奈汤姆手打脚踢逼它前进，
等它走到灯光明亮处，
好家伙！原来是一场天魔舞！

男巫女妖跳得欢，
跳的不是法国来的新花样，
苏格兰的独舞、快步和旋转，
调子都熟悉，精神更饱满。
东边窗下有个座，
坐着尼克老妖魔！[①]
他今夜现形为凶恶的黑毛癞皮狗，
在场专管把各种音乐来伴奏。
他把花笛一狂吹，群妖舞步就急转，
转得天昏地暗，连屋顶也闹穿。
四围放着无数棺材敞着盖，
带血的尸首一大排，
哪个妖魔出了一个怪主意，
还叫死人手拿烛火高举起。
我们英勇的汤姆借了烛光，
看清了这边的圣餐桌上，
摆着谋杀犯绞死后的骨头，

① 即撒旦，魔鬼之别名。

Twa span-lang, wee, unchristened bairns;
A thief, new-cutted frae a rape,
Wi' his last gasp his gabudid gape;
Five tomahawks, wi' blude red-rusted:
Five scimitars, wi' murder crusted;
A garter which a babe had strangled:
A knife, a father's throat had mangled.
Whom his ain son of life bereft,
The grey- hairs yet stack to the heft;
Wi' mair of horrible and awefu',
Which even to name wad be unlawfu'.

As Tammie glowr'd, amaz'd, and curious,
The mirth and fun grew fast and furious;
The Piper loud and louder blew,
The dancers quick and quicker flew,
They reel'd, they set, they cross'd, they cleekit,
Till ilka carlin swat and reekit,
And coost her dudies to the wark,
And linkit at it in her sark!

Now Tam, O Tam! had thae been queans,
A' plump and strapping in their teens!
Their sarks, instead o' creeshie flainen,
Been snaw-white seventeen hunder linen!—
Thir breeks o' mine, my only pair,
That ance were plush o' guid blue hair,
I wad hae gien them off my hurdies,
For ae blink o' the bonie burdies!

还有无名儿童的骷髅。
再加上一个才处决的小偷，
刚从绞绳割下，拖着长舌张血口；
桌上还有五把斧子，生满血锈；
五支短剑，刺过无数的咽喉；
一条带子，勒死过一个幼婴；
一把刀子，戳死过一个父亲，
杀父的是他亲生长子，
刀柄血迹里还沾着白发几丝。
此外还有许多悲惨可怕的事情，
光写出名目就要给法庭查禁。

　　汤姆又惊又怕，赶紧看究竟，
那一片笑呵，乐呵，玩得正起劲：
笛子越吹越响，
舞步越跳越欢：
妖魔们急转、交叉、分开、合拢、把手牵，
直跳得女妖一个个流汗冒热烟，
纷纷把外面的破衣都脱掉，
只穿贴身汗衣一阵狂跳！

　　呀，汤姆呀！汤姆！如果跳舞的是年轻姑娘，
年方二八，体态轻盈口脂香，
如果她们的汗衣不是那块油抹布，
而是雪白透明绣花滚边的细夏布，
那我也愿立刻脱下我唯一的呢马裤，
天气再冷也不怕光屁股，
这裤子原是蓝绒缝成料子好，
但为了瞅一下姑娘，马上可送掉！

But wither'd beldams, auld and droll,
Rigwoodie hags wad spean a foal,
Louping an' flinging on a crummock,
I wonder did na turn thy stomach.

But Tam kent what was what fu' brawlie:
There was ae winsome wench and waulie
That night enlisted in the core,
Lang after ken'd on Carrick shore;
(For mony a beast to dead she shot,
And perish'd mony a bonie boat,
And shook baith meikle corn and bear,
And kept the country-side in fear);
Her cutty sark, o' Paisley harn,
That while a lassie she had worn,
In longitude tho' sorely scanty,
It was her best, and she was vauntie.
Ah! little ken'd thy reverend grannie,
That sark she coft for her wee Nannie,
Wi twa pund Scots ('twas a' her riches),
Wad ever grac'd a dance of witches!

But here my Muse her wing maun cour,
Sic flights are far beyond her power;
To sing how Nannie lap and flang,
(A souple jad she was and strang),
And how Tam stood, like ane bewitch'd,
And thought his very een enrich'd:
Even Satan glowr'd, and fidg'd fu' fain,

可是这里却只见风干瘪嘴的老妖婆，
又瘦又丑，牛马见了也要躲，
她们支着拐杖东倒西歪地使劲跳，
叫人看了把昨天的晚饭都吐掉！

　　不过汤姆这人可真有一手，
他在那晚参加跳舞的群魔里头，
挑中了一个高大结实的母夜叉。
（她的威名远震海滨所有的人家，
一扬腿就踢死农民几头好牲口，
猛发作又撞翻海上无数大渔舟，
地里的大麦玉米她常拔，
这一带乡下人听了就害怕。）
今晚她上身只剩一件粗布短背心，
原是她多年前做闺女买的时新，
虽然论长度现在已经难蔽体，
她对这唯一的好衣还是很得意。
啊，虔诚的祖母一定觉得很稀奇，
当年她买衬衣送给小南尼，
花去她全部家产两镑整，
怎么今天会出现在跳舞的女妖身！

　　这里我的诗神必须打住，
太高的诗境它也飞不上去。
且不表南尼如何蹦了又跳，
（她身段灵活，体质也好，）
也不表汤姆怎样瞧得发呆，
只觉得眼花缭乱眼界大开。
单说那撒旦摇头摆尾身乱扭，

And hotch'd and blew wi' might and main:
Till first ae caper, syne anither,
Tam tint his reason a thegither,
And roars out: "Weel done, Cutty-sark!"
And in an instant all was dark:
And scarcely had he Maggie rallied,
When out the hellish legion sallied.

As bees bizz out wi' angry fyke,
When plundering herds assail their byke;
As open pussie's mortal foes,
When, pop! she starts before their nose;
As eager runs the market-crowd,
When "Catch the thief!" resounds aloud;
So Maggie runs, the witches follow,
Wi' mony an eldritch skreich and hollow.

Ah, Tam! Ah, Tam! thou'll get thy fairin!
In hell, they'll roast thee like a herrin!
In vain thy Kate awaits thy comin!
Kate soon will be a woefu' woman!
Now, do thy speedy-utmost, Meg,
And win the key-stone o' the brig;*
There, at them thou thy tail may toss,
A running stream they dare na cross.

* It is a well known fact that witches, or any evil spirts, have no power to follow a poor wight any farther than the middle of the next running stream. —It may be proper likewise to mention to the benighted traveller, that when he falls in with *bogles*, whatever danger may be in his going forward, there is much more hazard in turing back.

猛吹笛子，满脸出油，
引得那妖魔一个个腾空怪跳，如醉如狂，
这时汤姆早将戒心抛得精光，
他脱口大叫：“好哇！好个半截汗衫！”
叫声未绝，刷一下灯火全暗，
汤姆一看不妙，赶紧策着梅琪向前冲，
魔鬼的全部人马早已齐出动！

　　好比一群愤怒的马蜂
为报破巢之仇向讨厌的牧童猛攻；
好比一群眼睛发红的猎犬
朝着到口的野兔一个劲儿急窜；
好比菜场里高喊一声“捉贼！”
众人就汹涌如潮到处乱追——
就这样梅琪向前奔，妖巫在后赶，
那一片哭叫怒吼叫人胆战心寒！

　　啊呀，汤姆呀！啊呀！
这一下你可真叫是苦不堪言！
在地狱里他们会把你像咸鱼用油来煎！
你的凯蒂在家里等了一场空，
她就要变成寡妇把眼睛哭个通红！
梅琪呀，梅琪，拚了性命也要快跑，
赶紧抢到那河上的大石桥！[①]
只要冲到桥中间，你就可以不再怕，

① 人所共知的事实是：追人的妖巫，或任何其他鬼怪，追到河流的中间即必须停止，不得再进。附带也可奉告夜行人一声，如果半夜遇鬼追赶，前进不论如何危险，也比后退安全。（作者原注）

But ere the keystane she could make,
The fient a tail she had to shake!
For Nannie, far before the rest,
Hard upon noble Maggie prest,
And flew at Tam wi' furious ettle;
But little wist she Maggie's mettle!
Ae spring brought off her master hale,
But left behind her ain grey tail:
The carlin claught her by the rump,
And left poor Maggie scarce a stump.

Now, wha this tale o' truth shall read,
Ilka man and mother's son, take heed:
Whene'er to drink you are inclin'd,
Or Cutty-sarks run in your mind,
Think ye may buy the joys o'er dear;
Remember Tam o' Shanter's mare.

妖精们遇河即止，见了流水只能发傻。
但是桥头未到事情已不妙，
梅琪得赶紧把身后的妖精先摔掉：
原来南尼这女妖跑在最前打先锋，
紧跟着这匹忠心的好驴向桥冲，
她恶狠狠腾空而起，要将汤姆一把抓，
没想到梅琪浑身是胆，本领到家——
只见它猛一跳就将主人安全驮上桥，
不想却永远丢下了尾巴一条，
原来那女妖死命抓住它后身，
从此可怜的梅琪尾巴断了根！

好了，这个真实故事不论谁在听，
每个成人，每个母亲的儿子记分明：
每当好酒叫你实在嘴馋，
每当你胡思女人的短汗衫，
想想这代价！别为了一时的欢娱，
就忘记汤姆·奥桑特的好母驴！

Epistle 诗札

Epistle to J. Lapraik

An Old Scottish Bard. —April 1, 1785

While briers an' woodbines budding green,
An' paitricks scraichin loud at e'en,
An' morning poussie whiddin seen,
Inspire my muse,
This freedom, in an unknown frien',
I pray excuse.

On Fasten-e'en we had a rockin,
To ca' the crack and weave our stockin;
And there was muckle fun and jokin,
Ye need na doubt;
At length we had a hearty yokin
At sang about.

There was ae sang, amang the rest,
Aboon them a' it pleas'd me best,
That some kind husband had addrest
To some sweet wife;
It thirl'd the heart-strings thro' the breast,
A' to the life.

I've scarce heard ought describ'd sae weel,
What gen'rous, manly bosoms feel;

致拉布雷克书

写给一位苏格兰老诗人——1785 年 4 月 1 日

在这迎春和紫荆开花的时候，
　山鸡放开了歌喉，
　大清早野兔满山走，
　　　　我的诗笔忽也有神，
　因此未相识先把信投，
　　　　冒昧处请谅下情。

四旬斋的前夜此地曾有盛会，
　织袜子、谈闲天，津津有味，
　人人都笑逐颜开，
　　　　这些事不待细表，
　最后我们敞开了胸怀，
　　　　引吭高歌真逍遥！

好歌不知唱了多少首，
　有一首至今萦绕我心头，
　它唱的是夫妻夜谈在小楼，
　　　　听得我内心感动思悠悠，
　男的恩来女的爱，
　　　　人生如此才风流！

我从未见过任何诗人，
　能写丈夫的深情如此传神，

Thought I "Can this be Pope or Steele,
Or Beattie's wark?"
They tauld me 'twas an odd kind chiel
About Muirkirk.

It pat me fidgin-fain to hear't,
An' sae about him there I speir't;
Then a' that kent him round declar'd
He had ingine;
That nane excell'd it, few cam near't,
It was sae fine:

That, set him to a pint of ale,
An' either douce or merry tale,
Or rhymes an' sangs he'd made himsel,
Or witty catches—
'Tween Inverness an' Teviotdale,
He had few matches.

Then up I gat, an' swoor an aith,
Tho' I should pawn my pleugh an' graith,
Or die a cadger pownie's death,
At some dyke-back,
A pint an' gill I'd gie them baith,
To hear your crack.

But, first an' foremost, I should tell,
Amaist as soon as I could spell,

因此我忙将作者的姓名问：
　　　　蒲伯，斯梯尔，还是皮亚蒂？
这才知原来是好脾气的老兄，
　　　　就住在缪寇克村里。

我一听十分高兴，
立时要知道诗人的生平，
你的相识就异口同声，
　　　　齐夸你的天才，
说是你诗品之高无匹伦，
　　　　生花妙笔真精彩。

他们说只要敬你一杯酒，
诗句就源源不断像河流，
庄重的和诙谐的全都有，
　　　　还加机智的警句。
寻遍苏格兰的乡村和城楼，
　　　　如此诗人难遇！

听完站起我发誓，
哪怕当掉犁头和鞍子，
哪怕去外乡流浪死，
　　　　尸骨不收野鸟食，
我也愿出钱买杯酒，
　　　　只要能听你谈诗。

恕我先谈自己情况：
自从初识之无的时光，

I to the crambo-jingle fell;
Tho' rude an' rough—
Yet crooning to a body's sel'
Does weel eneugh.

I am nae poet, in a sense;
But just a rhymer like by chance,
An' hae to learning nae pretence;
Yet, what the matter?
Whene'er my muse does on me glance,
I jingle at her.

Your critic-folk may cock their nose,
And say, "How can you e'er propose,
You wha ken hardly verse frae prose,
To mak a sang?"
But, by your leaves, my learnèd foes,
Ye're maybe wrang.

What's a' your jargon o' your schools—
Your Latin names for horns an' stools?
If honest Nature made you fools,
What sairs your grammars?
Ye'd better taen up spades and shools,
Or knappin-hammers.

A set o' dull, conceited hashes
Confuse their brains in college-classes!

我就写下了诗句一行行，
　　虽都是独自低吟，
难登大雅之堂；
　　可似乎也还动听。

实际上我算不了什么诗人，
只不过偶然爱上了押韵，
更谈不上任何学问，
　　可是，那又有什么打紧！
只要诗神的秋波一转，
　　我就要浅唱低吟。

批评家们鼻子朝天，
指着我说：“你怎么敢写诗篇？
散文同韵文的区别你都看不见，
　　还谈什么其它？”
可是，真对不住，我的博学的对头，
　　你们此话可说得太差！

你们学院里的一套奇文，
偷人养汉也带上拉丁的雅名，
如果大自然规定叫你们愚蠢，
　　你们的文法又顶啥用？
还不如拿犁把地耕，
　　或将石块往家运。

这一撮迟钝又自傲的大笨蛋，
上了大学只使脑筋更混乱！

They gang in stirks, and come out asses,
Plain truth to speak;
An' syne they think to climb Parnassus
By dint o' Greek!

Gie me ae spark o' nature's fire,
That's a' the learning I desire;
Then tho' I drudge thro' dub an' mire
At pleugh or cart,
My muse, tho' hamely in attire,
May touch the heart.

O for a spunk o' Allan's glee,
Or Fergusson's, the bauld an' slee,
Or bright Lapraik's, my friend to be,
If I can hit it!
That would be lear eneugh for me,
If I could get it.

Now, sir, if ye hae friends enow,
Tho' real friends, I b'lieve, are few;
Yet, if your catalogue be fu',
I'se no insist:
But, gif ye want ae friend that's true,
I'm on your list.

① 艾兰·兰姆赛（1684—1758），比彭斯略早的苏格兰诗人。
② 罗伯特·费格生（1750—1774），苏格兰杰出诗人之一，因家贫未能读完大学，以抄写法律文书为生，1771—1773 年三年间写了大量好诗，后精

上学是个骡，毕业变个驴，
真相便是这般！
只因懂得了半句希腊语，
还妄想把文艺之宫来高攀！

我只求大自然给我一星火种，
我所求的学问便全在此中！
纵使我驾着大车和木犁，
浑身是汗水和泥土，
纵使我的诗神穿得朴素，
她可打进了心灵深处！

呵，给我兰姆赛的豪兴，①
给我费格生的勇敢和讽刺，②
给我新朋友拉布雷克闪耀的才智，
假如我能有此缘分！
我就有了所需要的一切，
胜过天下的学问！

如果足下已有了够多的朋友，
(虽然真正的朋友颇为难求，)
只要你认为名额已满，
小弟决不相强；
但如果你还想结交个赤心汉，
请将我的名字写上。

神失常，死于疯人院中，年仅24岁。彭斯佩服其诗才，又感叹其身世，多次提到，参看诗札《寄奥吉尔屈利地方的威廉·辛卜逊》中三、四两节。

I winna blaw about mysel,
As ill I like my fauts to tell;
But friends, an' folks that wish me well,
They sometimes roose me;
Tho' I maun own, as mony still
As far abuse me.

There's ae wee faut they whiles lay to me,
I like the lasses—Gude forgie me!
For mony a plack they wheedle frae me
At dance or fair;
Maybe some ither thing they gie me,
They weel can spare.

But Mauchline Race, or Mauchline Fair,
I should be proud to meet you there;
We'se gie ae night's discharge to care,
If we forgather;
An' hae a swap o' rhymin-ware
Wi' ane anither.

The four-gill chap, we'se gar him clatter,
An' kirsen him wi' reekin water;
Syne we'll sit down an' tak our whitter,
To cheer our heart;
An' faith, we'se be acquainted better
Before we part.

我不愿替自己吹牛，
　　说起来只有错误和荒谬，
　　虽然也有些好心的朋友，
　　　　　　曾经一再把我夸；
　　但也有一些对头，
　　　　　　想要把我臭骂。

有一样毛病常是我的罪名，
　　说什么——上帝饶恕！——我喜欢女人！
　　常在跳舞和赶集的时候，
　　　　　　姑娘们把我的口袋掏光；
　　不过她们也给我好处，
　　　　　　这个她们也看得平常。

不论在摩希林的马会或市场，
　　同你相见将是我莫大骄傲！
　　只要我们能会面，
　　　　　　长谈一夜不可少！
　　让我们交换作诗的心得，
　　　　　　忘却人生的烦恼。

让我们碰杯用大碗，
　　拿热腾腾的烧酒把它们倒满，
　　然后坐下来一口喝干，
　　　　　　让欢乐充满心头！
　　我敢说酒过三杯就情投意合，
　　　　　　新交胜过老友。

Awa ye selfish, war'ly race,
Wha think that havins, sense, an' grace,
Ev'n love an' friendship should give place
To catch-the-plack!
I dinna like to see your face,
Nor hear your crack.

But ye whom social pleasure charms
Whose hearts the tide of kindness warms,
Who hold your being on the terms,
"Each aid the others,"
Come to my bowl, come to my arms,
My friends, my brothers!

But, to conclude my lang epistle,
As my auld pen's worn to the gristle,
Twa lines frae you wad gar me fissle,
Who am, most fervent,
While I can either sing or whistle,
Your friend and servant.

滚开！贪图荣华富贵的东西！
他们不稀罕文采、礼貌和道理，
甚至瞧不起爱情和友谊——
一切全得让位给钱币！
他们呀，我不愿看他们的嘴脸，
更不想听他们的梦呓！

但是你们却喜欢朋友的交谊，
心里流荡着温暖的好意，
行事为人只按照一条道理：
“互助第一!”
你们呀，快来同我喝酒，同我拥抱，
我的朋友，我的兄弟！

现在我得把这封长信结束，
我的笔已经写秃；
希望你能遗我几行，
它将使我眼睛放光。
只要我一天能唱能吟，
我永远是你热情的朋友和仆人。